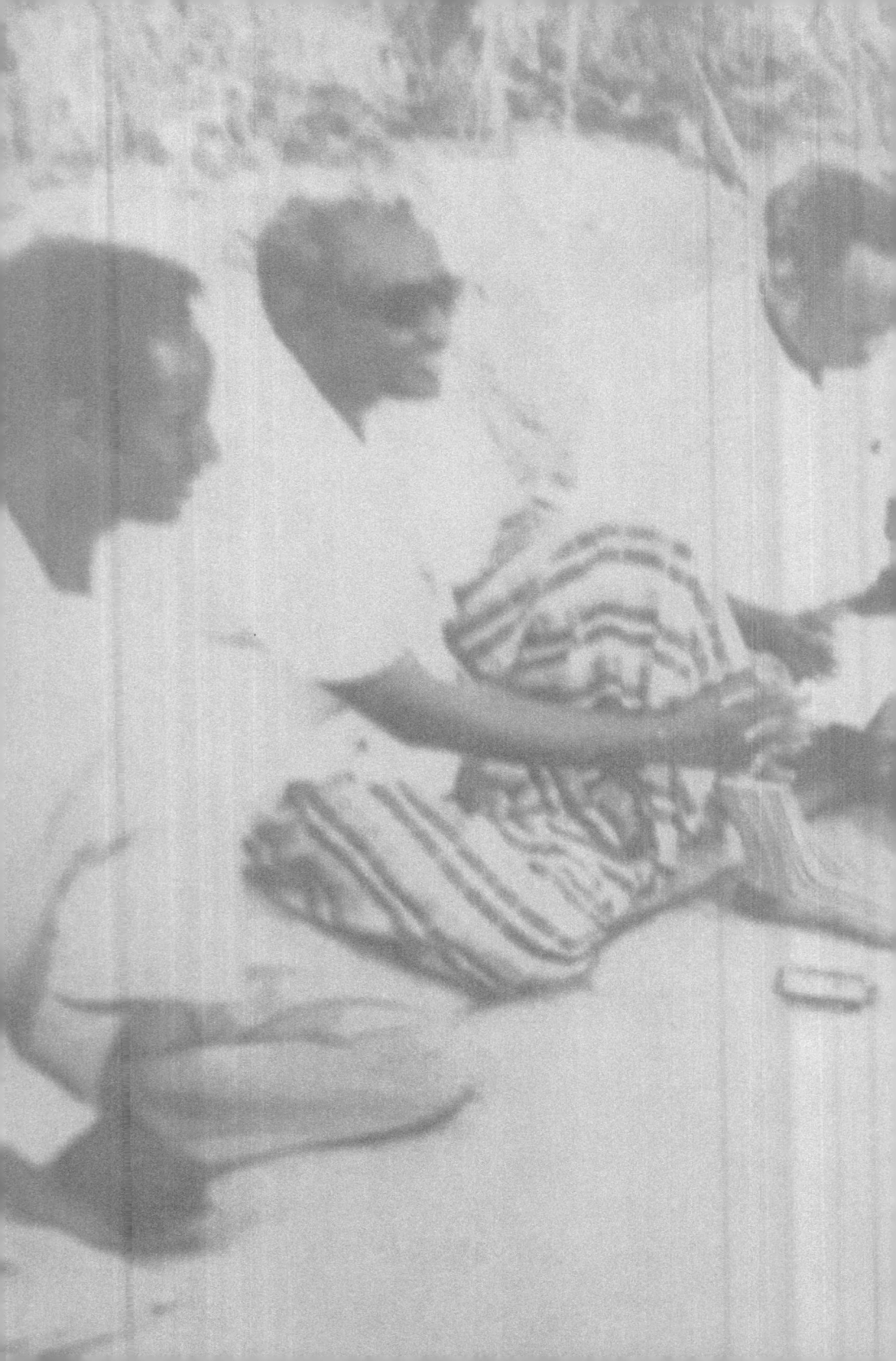

Qoristii Farta
iyo Fidinteedii

CABDIRAXMAAN MAXAMED ABTIDOON

LEICESTER | MOGADISHU
1447/2025

LOOH PRESS LTD.

Copyright © Abdirahman M. Abtidon, 2025
Dhowran © Abdirahman M. Abtidon, 2025
Third Edition, First Print August 2025
Soo Saariddii Saddexaad, Daabacaaddii Kowaad Ogost, 2025

All rights reserved.
Xuquuqda oo dhammi way dhawrantahay.
Buuggan dhammaantiis ama qayb ka mid ah sina loo ma daabici karo loo mana kaydsan karo elegtaroonig ahaan, makaanig ahaan ama hababka kale oo ay ku jirto sawirid, iyada oo aan oggolaansho laga helin qoraaga. Waa sharci-darro in buuggan la koobbiyeeyo, lagu daabaco degellada internetka, ama loo baahiyo si kasta oo kale, iyada oo aan oggolaansho laga helin qoraaga ama cid si la caddayn karo ugu idman maaraynta xuquuqda.

WAXAA DAABACAY:
Looh Press Ltd.
Leicester, England. UK
Muqdisho, Soomaaliya
W: www.LoohPress.com
E: LoohPress@gmail.com
T: +44 79466 86693
T: +252 61 0743445 / +252 61 8707573

Wixii talo ama falcelin ah ka la xiriir qoraaga:
a.abtidon@gmail.com

Galka	: Looh Press
Naqshadaynta	: Kusmin (Looh Press)

Cinwaankan wuxuu ka diiwan geshanyahay Maktabada Biritan.
A British Library's Cataloguing-in-Publication (CIP) record for this book is available from the British Library.

ISBN

978-1-912411-78-8	Gal Adag (Hardback)
978-1-912411-79-5	Gal Khafiif ah (Paperback)

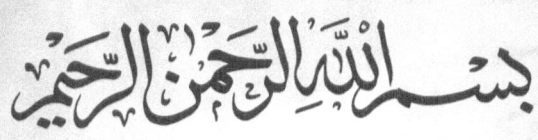

Waxaan Ku billaabi
Magaca Eebbe,
Naxariistaha,
Naxariista badan

TUSMO

HIBAYN xi
FARRIINTA DAABACAHA xiii
GOGOLDHIG xvii
MAHADNAQ xxi
HORDHAC xxiii
ARAR ABTIRSIGA AF SOOMAALIGA xxv
HORDHEH xxvii
    Hodantinimada afka Soomaaliga xxvii

QEYBTA 1: QORISTII FARTA 1

CUTUBKA 1: SOOYAALKII QORAALKA - FAR SOOMAALIGA 3

CUTUBKA 2: BILOWGII QORAALKII FARTA SOOMAALIGA 11

CUTUBKA 3: KAALINTII AQOONYAHANNADII SOOMAALIYEED .17
1. Xilligii Yuusuf Al Kawneyn (Aw Barkhadle) 20
2. Sheekh Aweys Al Barawi 21
3. Ustaad Ibraahim Xaashi Maxamuud 29
4. Shire iyo kaalintiisii farta laatiinka 30
5. Muuse Xaaji Ismaaciil Galaal 32
6. Shariif Saalax Maxamed Cali 34
7. Aqoonyahannadii shisheeyaha ahaa 35
8. Lilias E. Armstrong 36
9. Bogumil Witalis Andrzejewski 36

CUTUBKA 4: GUDDIYADII AF SOOMAALIGA 39
1. Guddigii Luuqada ee 1965 45
2. Guddigii af Soomaaliga ee 1971kii 48

CUTUBKA 5: KUTUBTA NAXWAHA IYO QAAMUUSYADA 61

CUTUBKA 6: XASILID LA'AANTA AF SOOMAALIGA IYO QORAALKIISA 79

QEYBTA 2: FIDINTII FARTA 83

CUTUBKA 7: OLOLAYAASHII FARTA LAGU HIRGELINAYEY 85

CUTUBKA 8: FAAFIN RASMI AH EE JAMHUURIYADDA DIMOQORAADIGA SOOMAALIYA 93

CUTUBKA 9: SUUGAANTII OLOLIHII AKHRIS QORAALKA 105

1. WAXBARASHO 107
2. SHIBBANAHA HA MOOGAAN 109
3. ISHII BUKTAAY KU BIKAACSO 111
4. HOODAALE 111
5. HAKA TEGINA BARASHADA 112
6. DHALLINYAHAY WAXAA INOO BALLAN AH 113
7. DHADHANSO 114
8. BARASHO 115
9. BARASHADA FARTA 117
10. BALOOLEY 117
11. TAA MA BARANAA 118
12. BIRMAD 119

QORISTII FARTA iyo FIDINTEEDII
Cabdiraxmaan Maxamed Abtidoon

> "*Labaatan iyo Laba Aamustiyo Shaqal Irmaaneeya.*
> *Amraniyo tilmaamiyo Gudbe Aade iyo Jooge.*
> *Isku dare, Xiriiriye Falkaab, Ereyadeenii ah.*
> *Ebyane iyo Haddaan Magac U yaal ku Arkay Joornaalka.*
> *Mar Haddii Afkaygii La qoray Aabbe iyo Hooyo.*
> *Mar haddaan Amaahsiga ka Baxay lagu Agoontoobay.*
> *Abaal waxa leh nimankii Fartaas soo Abaabulaye.*
> *Amiirnimo Sin iyo Garab jirtay Nagu Abuureene.*
> *Afafkaa Qalaad iyo Maxaa Eregta ii Dhiibtay.*
> *Anaa Macallin ah oo Raba, Dad loo furo Iskuulaade*"

Abwaan Cabdulle Raage Tarāwil, 1972.

HIBAYN

Buuggan waxaan u hibeynayaa kuna xusayaa dhammaan dadkii qeybta ka ahaa baadigoobkii, baaritaankii, soo bandhigiddii iyo fidintii qoraalka farta afkeenu yeeshay. Sidoo kale cid walba oo aqoon baaris ku wadda ama ku sameyn doonta, waxaan leeyahay mahadsanidiin.

FARRIINTA DAABACAHA

Tan iyo markii la aasaasay, Looh Press waxay awooddeeda isugu geysay daabacaadda buugaag cilmiyeed u qeybsama taariikh, luqad, diin, iyo dhaqanka Soomaaliyeed. Diiradda ugu weyn waxay saarnayd buugta cilmi-baarista ku saleysan, kuna qoran afafka Soomaaliga, Ingiriisiga, iyo Carabiga, iyadoo si gaar ah loo tixgelinayo qoraallo aan hore loo daabicin iyo buugaag qiimo leh oo ka baxay daabacaadda, kuwaasoo horumarinaya aqoonta dhaxalka Soomaaliyeed. Waxaan ku dadaaleynaa inaan buuxinno meelaha bannaan ee muhiimka ah ee ku jira diiwaangelinta iyo falanqaynta fikirka aqooneed ee Soomaalida, annagoo siinneyna agab cilmiyeed waxtar u leh aqoonyahannada, ardayda, iyo jaaliyadda Soomaaliyeed ee qurbaha ee doonaya inay si dhow u darsaan xididdada dhaqankooda.

Afka Soomaaliga iyo qoraalkiisa waxay dhibaato weyn la kulmeen tan iyo intii uu bilowday dagaalkii sokeeye. Xarumo muhiim ah oo lagu kaydiyo dukumentiyada ayaa la burburiyay, kaydkii qoraalladuna waa uu kala firdhay, hay'adahii taageeri jiray mideynta iyo hagaajinta luqadda ayaa meesha ka baxay. Xitaa intii ay jirtay xasilooni muuqata laga soo bilaabo lixdameeyadii ilaa sagaashameeyadii, agabyada cilmiyeed ee lagu diiwaangeliyay horumarka qoraalka Soomaaliga aad bay u koobnaayeen. Waxaa jiray qoraallo aad u tiro yar oo si dhamaystiran u faaqida safarka adag ee loo galay nidaamka qoraal mideysan, taasoo keentay in qaybo muhiim ah oo taariikhdan ka mid ah aan waligeed la qorin. Firaaqa cilmiyeed iyo midka dukumentiyeed waxay caqabad ku noqotay dadaallada lagu ilaalinayo qoraalka Soomaaliga iyo fahamka qotada dheer ee aqoonyahannadu u yeelan lahaayeen dhinacan muhiimka ah ee taariikhda dhaqanka Soomaaliyeed.

Buuggan, *"Qoristii Farta iyo Fidinteedii"* waxa uu wax ka qabanayaa baahida cilmiyeed ee weyn ee jirta, isagoo bixinaya daraasad dhamaystiran oo ku saabsan taariikhda farta Soomaaliga. Buuggu wuxuu ka bilaabmaa saldhigyada luqadeed ee af-Soomaaliga iyo suugaantiisa hodanka ah, isagoo si qoto dheer u eegaya nidaamyadii qoraal ee hore iyo dadaalladii aqoonyahannadu ku doonayeen inay ku dhisaan hab-qoraal mideysan oo rasmi ah. Qoruhu wuxuu si taxaddar leh u eegayaa nidaamyadii qoraalka ee tartamay, kuwaas oo ay curiyeen haldoorka aqoonyahannada Soomaaliyeed sida Cismaan Yuusuf Keenadiid (Far Cismaaniya), Sheekh Cabdiraxmaan Sheekh Nuur (Far Borma/Gadabuursi), iyo Xuseen Sheekh Axmed Kaddare (Far Kaddare).

Buuggu wuxuu si qoto dheer u xusayaa qaadashadii rasmiga ahayd ee Farta Laatiinka sannadkii 1972, isagoo falanqeynaya arrimaha siyaasadeed, dhaqan, iyo kuwa wax-ku-ool ah ee door ka ciyaaray go'aankaas taariikhiga ah. Iyada oo la adeegsanayo falanqayn faahfaahsan oo ku saabsan dukumentiyo dowladeed iyo markhaatiyo toos ah, buuggu wuxuu dib u dhisayaa taariikhda abuuritaanka iyo hawlgalka guddiyadii Luqadda ee kala duwanaa laga bilaabo sannadihii lixdameeyadii, kuwaas oo ugu dambeyn horseeday mideynta farta Soomaaliga. Qaybta ugu muhiimsan ee buugga waxay diiradda saareysaa ololayaashii far barashada akhris-qoraalka wacyigelinta iyo aqoon kororsiga ee qaran ee ku xigay hirgelintii farta Laatiinka, gaar ahaan Ololaha Horumarinta Reer Miyiga ee 1974–1975, oo ahaa dadaal ballaaran oo lagu doonayay in kor loogu qaado akhriska iyo qoraalka guud ahaan dalka. Buuggu wuxuu nuujinayaa sida ololahani uu uga mid ahaa waqtiyadii ugu firfircoon ee waxbarashada dadweynaha Soomaaliyeed.

Buuggu wuxuu bixiyaa aragtiyo qiimo leh oo ku saabsan agabyadii waxbarasho, hababkii barista, iyo xeelado cusub oo hal-abuur leh oo la sameeyay intii lagu jiray xilligaa. Waxa uu kaydinayaa gabayo iyo heeso badan oo loo sameeyay in lagu fududeeyo barashada akhriska iyo qoraalka guud ahaan bulshada, taasoo buugga ka dhigaysa mid ah diwaangelin taariikhi ah iyo keyd dhaqan oo muhiim ah. Buuggu ma aha oo keliya mid wax ka sheegaya dhacdooyinkii dhacay, balse wuxuu si qoto dheer u falanqeeyaa sidii bulshada magaalooyinka looga abaabulay si ay u baraan walaalahood reer miyiga iyo reer guuraaga ah. Habkaasi wuxuu tusaale u yahay nidaam waxbarasho oo bulshada ka imanaya oo aan inta badan lagu arag meela kale.

Inkasta oo qorayaal kale ay mararka qaar wax ka taabteen mowduucyadan, buuggani wuxuu bixiyay faahfaahin aan hore loo arag oo ku saabsan hannaanka maamul, waxbarasho, iyo dhaqameed ee kacaankii wax-akhris iyo qoraalka ee Soomaaliya. Waxa buuggan si gaar ah u qiimo badan ka dhigaya waa in qoraha, Cabdiraxmaan Maxamed Abtidoon, uu isagu ka mid ahaa ka qaybgalayaashii ololayaashii waxbarasho ee reer miyiga xilligii uu da'yar ahaa, kaddib markii uu si buuxda u bartay farta cusub ee la hirgeliyey. Markii uu dhammaystay waxbarashadiisa ku saleysan nidaamka qoraalka Laatiinka, wuxuu ka mid noqday kumannaan dhallinyaro Soomaaliyeed ah oo u safray gobollo fogfog si ay aqoonta u gaarsiiyaan bulshooyinka reer miyiga iyo reer guuraaga ah ee dalka. Khibraddiisa tooska ah waxay buugga siinaysaa aragtiyo gaar ah oo aan laga heli karin dukumentiyada rasmiga ah oo keliya. Waxa uu iftiiminayaa noloshii maalinlaha ahayd ee hawlahii socday ee ololaha, laga bilaabo waxbaridda ilaa isdhexgalka bulshada—arrimo muhiim ah oo si weyn u kobcinaya fahamka taariikhdan qotada dheer ee waxbarashada Soomaaliyeed.

Kulamadii shakhsiyadeed ee qoraha uu la yeeshay dadkii, deegannadii, iyo caqabadihii ka hor yimid dadaalladii lagu gaarsiinayay akhris iyo qoraal meelaha fogfog ee Soomaaliya waxay buugga siinayaan aragti dhab ah oo aan si fudud looga helin qoraallada cilmiyeed ee caadiga ah. Iyada oo loo marayo indhaha qoraha, akhristuhu wuxuu fahmayaa duruufihii dhabta ahaa ee ay la tacaalayeen shaqaalaha waxbarista, sida ay bulshooyinka reer miyiga u arkeen ololahaa, iyo saameynta waxbarasho ee beddeshay nolosha shaqsiyaadka iyo bulshada guud ahaanba.

Qoraagu wuxuu sawir buuxa ka bixinayaa duruufaha macallimiintu ku shaqeynayeen—fasallo lagu dhiganayo hooska geedaha, farxadda iyo dhiirranaanta odayaal reer guuraa ah oo markii ugu horreysay wax qoraya, iyo is-dhaafsiga dhaqameed ee ka dhex dhacayay dhallinyaradii magaalooyinka ka tagay iyo bulshooyinka miyiga ee ay la falgaleen. Qaybahan buugga waxay ku darayaan qoto dheer iyo bini'aadannimo xusuustan taariikheed, taas oo ka dhigaysa mid taabanaysa qalbiga akhristaha. Cilmi-baarista qotada dheer iyo waayo-aragnimo rololeed oo toos ah, waxay buuggan ka dhigayaan waxqabad lama huraan ah oo lagu fahmi karo mid ka mid ah guulihii ugu waaweynaa ee Soomaaliya ka gaartey dhinacyada waxbarashada iyo dhaqanka.

Maxamed Cabdulaahi Cartan
Agaasimaha Looh Press Ltd.
Lester, Ingiriiska

GOGOLDHIG

Idinkoo dhallinyaro 14 ilaa 19 jir ah arday dugsiyada dhexe dhigatana ah markii la idiin kaxeeyo baadiyaha iyadoo aan dalxiis ahayn ee aad hawl qaran gudaneysaan laba dareenba way leedahay; midi waa hubanti la'aanta waxa aad kala kulmi doontaan iyo adigoo aan weligaa magaalo ka bixin, midda kalana waa asxaabtii aad soo wada korteen meelna wax ku wada barateen kuna ciyaareyseen oo aad wada socotaan farxad iyo raynrayn bay leedahay aan dareen mooyee hadal ama qoraal lagu cabbiri karin.

Goor aroor hore ah ayaa aniga iyo kooxdii aan wada soconay isugu nimi fagaarihii laga baxayey iyadoo halkaa ay joogeen madaxdii gobolka iyo degmadaba waxaana goobta taagnaa gaadiidka waaweyn ee ciidamada Xoogga Dalka, meeshu waa magaalada Balad Weyne, waxaase sidaa oo kale ahaa degmo walba uu dalku ka koobnaa oo ardaydii dugsiyadu ay u ambabaxayeen in ay qeyb ka noqdaan Ololihii Horumarinta Reer Miyiga (O.H.R.M). Barqadii baanu ka dhaqaaqnay annagoo salaam u gacan haatineyna waalidiintii, asxaabtii iyo dadweynihii na sagootinayey. Markaan magaaladii ka baxnay waxaa weli noo sii muuqday geedihii dhaadheeraa ee baarta loo yaqaano ee Baladweyne ay ku caanka tahay geedahaasoo markaad magaalada ka baxdo u muuqanaya kuwa is haysta oo dusha sare ka dadaya magaalada.

Markaan tagnay halkii aan ku qornayn in aan macallimiin ka noqonno ayaan gaarigii uga dagnay waxaanuna ahayn toddoba arday macallimiin oo markaa wixii ka dambeeya macallimiin noqon doonta iyo macallin horjooge noo ahaa kaasoo ay hoos imanayeen ilaa afar tuulo oo uu maro webiga shabeelle, dadkuna ay ahaayeen dad beeraley ah. Waxaa berigaa jiray mashruuc ay dawladdii hirgelisay oo iskaashatooyin lagu abuurayey. Webiyada agtooda beeraha yaryar ee ku yaalla ee loo yaqaan "Xamiir" oo ay qoysasku lahaayeen u sokow waxaa degaannadaas ku yaalay iskaashato beereed waynayd, macallimiinteeniina u fududeysay in ay meel ku wada helaan tiro arday ah oo aan wax barno. Imaatinkeenii dadku waxay inoo sameeyeen soo dhoweyn diirran inkastoo ay abaabulnayd soo dhoweyntaas haddana waxaa dadkii aan u tagnay ka muuqday niyad wanaag iyo qalbi furnaan.

Dhalliyaradii gabdhaha iyo wiilasha lahaa ee loo diray hawshaa qaran deegaannadii ay tageen way kala roonaayeen oo kala nolol fududaayeen. Kuwa tuulooyin waaweyn joogay, kuwa tuulooyin aad u yaryar joogay, kuwa miyiga fog hadba meel ugu guuraayey, waxaana jiray kuwa aan magaalooyinkii ka tegin kuwaasoo loo arkay in da' ahaan aysan wanaagsaneyn in waalidkood ay ka fogaadaan. Waxaa dhacday laba arday oo isku fasal ahaa lagana yaabee in ay isku da' xitaa ahaayeen in midna miyiga aado midka kalana magaalada lagu reebo oo uu dadka xaafadaha deggen wax ka dhigo.

Macallimiinta qaar baa ku qornaa meelo ceelal leh oo xoolaleydu geeluba ha ugu badnaadee u soo biyo doontaan oo keliya, meelahaa oo kale ceelkiiba laba ama saddex keliya ayaa ku qornaa, waxaana laga yaabaa in maalin ama laba ama ka badanba aysan arag cid u timaada oo u soo biyo doonata. kuwa raaca reer guuraaga waxaa laga soo saaray amar ah in haddii ay la guuraan reerahaa aysan ka bixi karin gobolka oo aysan u gudbi karin gobol kale, iyadoo ujeeddadu ahayd in lala socdo xaaladda macallimiinta.

Dhammaan macallimiintii aadday ololihii akhris-qoraalka balad iyo baaddiyaba culeyska ugu weyn wuxuu ahaa annagoo aanan lahayn tababar iyo waaya-aragnimo macallinimo, ardaydii aanu wax u dhigeynay waxay ka koobnaayeen carruur, dhallinyaro, da' dhexaad iyo waayeel. Waxaa bilowgiiba su'aashu noqotay iyadoo tirada macallimiintu aysan badneyn, sidee loo kala qeybinayaa jiilashaa kala duwan? Waxaana la nala siiyey sanduuq ay ku jiraan buug wax laga dhigo, mid wax lagu qoro, qalin, dabaashiir, tirtire, sanduuqaa markii la kala furo wuxuu noqonayey sabuurad meel walba la suran karo waxna lagu dhigi karo, geed, aqal iyo cuddun lagu tiiriyo intaba waanu adeegsannay, sidoo kale buraashad biyo lagu qaato iyo buste dhaxanta laga huwado ayaa na la sii siiyey.

Ololahu wuxuu lahaa muhiimado dhowr ah; waxaa lagula dagaallamayey aqoondarrida kaasoo ahaa qeybta ugu muhiimsanayd, waxaase kale oo ku jiray kor u qaadidda nolosha reer miyiga iyadoo dhaqaatiir iyo kalkaaliyaal caafimaadka dadka iyo kuwa xoolahaba ay qeyb ka ahaayeen ololaha, dhanka beerahana xeeldheerayaal horumarinta iyo kor u qaadidda wax soo saarka beeraha ayaa degaanno dhowr ah loo diray, markaa Ololihii Horumarinta Reer Miyiga wuxuu ahaa kii ugu weynaa uguna qiimaha badnaa ee jamhuuriyaddii Soomaaliya laga hirgeliyo lagana yaabee in uuba ahaa kii ugu guusha badnaa dalalka loogu yeero kuwa soo koraya.

Kooxaheenii tuulooyinka ku qornaa xilliyada aan firaaqada nahay inta badan waxaa la isugu iman jiray goobo laga shaaho oo meelaha qaar looga yaqaan Macaash waxaana goobaha qaar laga heli jiray raadiyo laga dhageysto wixii dalka ka socday iyo weliba madadaalada heesaha iyo barnaamijyada kale ee idaacadda ka baxa. Aniga iyo kooxdeydii aan isku tuulada joognay waxaan nasiib ku lahayn in mid naga mid ah uu watay raadiyo aan xitaa habeenkii dhageysan karnay heesaha guubaabada ah ee loogu tala galay ololaha. Raadiyuhu wuxuu noo ahaa wehel, madadaallo, dhiirigeliye iyo meel aan wixii akhbaar ah kala soconno.

Waxaa si joogta ah u kormeeri jiray goobihii ay hawshu ka socotay kormeerayaasha waxbarashada, masuuliyiinta degmada iyo gobolka iyo weliba wufuud ka socota dhawladda dhexe oo si joogta ah u mari jiray gobollada dalka. Waxay eegi jireen waxbarashadu halkay mareyso iyo xaaladda hawlwadeennadeenii ololaha qeybta ka ahayd iyo weliba xaaladda guud ee dalka. Ololaha ayaa fududeeyey in la ogaado heerka ay gaarsiisneyd abaartii Dabadheer ee dalka ku habsatay, taasoo markii dambe dadkii ay abaartu ku dhufatay qaar ka mid ah loo baddalay nab-nololeedkoodii ahaa reer guuraanimada lagana dhigay beeraley iyo kaluumeysato, hadduusan ololahaa ahayna laga yaabee in goor dambe la ogaan lahaa heerkaa daran ee saameynta abaartu lahayd

O.H.R.M Wuxuu socday toddoba biilood oo la annaga doonayey in dadkaan wax u dhigeynay ay muddadaas kooban awood u yeeshaan in ay iskood u qori karaan una akhrin karaan afkooda hooyo.

Waxaan hubaa dhallinyaradii ka qeybqaadatay ololahaas in ay qiima badan ugu fadhido waaya-aragnimadaas, qaar badan oo ka mid ah ayaan weli xiriirnaa oo aan ka wada sheekeysanaa maalmahaa wacnaa.

Labadii toddobaad ee ka dambeysay ololaha, waxaa la hirgeliyey tirakoob dadka iyo xoolaha ah maadaama aysan ummadi qoshe sameysan karin iyadoo aan la aqoon tirada dadkeeda iyo xoolaha ay dhaqato, ololihii miyiga loo baxayna waxay ahayd fursad ay ahayd in looga faa'ideysto ciidankaa faraha badan ee qabanayey hawshaa qaran. Ciidankeennii ballaarnaa ee ololihii tagay maalmahaa dambe ee gebagebadii lagu sii siqayey waxay inoo ahaayeen kuwa dareen farxadeed oo xooggan lahaa, waxaan aad u dhowreynay dib ula kulanka waalidiin iyo walaalo aan inteenna badan toddoba bilood arag iyo weliba in saaxiibbadii iyagana ololaha qeybta ka ahaa balse deegaanno kale ku qornaa. Farxaddii ugu weyneyd waxay ahayd markii ay inoo yimaadeen gaadiidkii magaallada nagu soo celin lahaa, balse muddo kadib hilow iyo dib u xusuusasho goobihii aan ka hawgalnay iyo dadkii aan soo barannay ayaa maskaxdeenii ku soo noqnoqonayey, welina aan ka bixin.

MAHADNAQ

Marka hore mahad oo idil waxay u sugnaatay Eebbe weyne, marka xiga waxaan mahad aan la soo koobi karin u dirayaa dhammaan dadkii gacanta iga siiyey soo bixitaanka buuggan soo koobaya sooyaalkii qoraalka far Soomaaliga iyo ololayaashii akhris-qoraalka ee lagu fidinayey ee laga hirgeliyey balad iyo baadiyaba.

Waxaan mahad dheeraad ah u jeedinayaa madaxa shirkadda buugta daabacda ee LoohPress Maxamed Cabdullaahi Cartan oo dadaal dheer geliyey diyaarinta iyo naqshadeynta. Waxaan kaloo aan u mahadnaqayaa intii gacan iga siisay xog uruurintii aan muddaba waday.

Waxaan ammaan iyo mahadnaq u dirayaa dadkii lahaa qoraallada aan tixraac ahaan u soo qaatay oo aysan la'aantood suurtagal noqoteen dhameystirka hawshan.

Cabdiraxmaan Maxamed Abtidoon

HORDHAC

Waxaa Muddo dheer socday heerar kala duwanna soo maray kadib, ayaa 1972kii waxaa lagu dhawaaqay far la isku wada raacsan yahay kuna qoran xuruufta laatiinka. Fartaas oo ay aqoonyahanno Soomaaliyeed iyo xeeldheerayaal shisheeye ah ay muddo ku hawlanaayeen, qoraalkii farta kadib waxaa bilowday fidintiisii oo ololayaal balad iyo baadiyaba laga hirgeliyey saldhigna looga dhigay waxbarashadii dalka.

Nasiib darro afkeenna oo far qoran leh muddo ka yar 18 sano oo keliya ayey dawladdii dhexe ee dalku meesha ka baxday. Horumarkii uu afku sameynayey iskaba daaye waxaa lumay aqoonta iyo ogaalka loo leeyahay taariikhda dheer iyo heerarkii uu afku soo maray gaar ahaan farta Soomaaliga, sidoo kale waxaysan dadku in badan ka ogeyn aqoonyahannadii ka soo shaqeeyey heerkaana si qori isku dhiib ah ku soo gaarsiiyey, kuwaasoo mudan in la xusuusto abaalna looga hayo dadaalkoodii dheeraa.

Dhanka kale waxaa nasiib wanaag la oran karaa in horumarinta iyo badbaadinta afka iyo fartiisa ay u guntadeen dad badan oo dunida meela kala duwan ka jooga, kuwaasoo aqoonbaarisyo mug leh ugu sameynayey soddonkii sano ee la soo dhaafay si isxilqaan ah. Maanta jaamacado iyo machadyo dalal dhowr ah ku yaalla ayaa ama laga dhigaa ama aqoonbaarisyo ku wada afka Soomaaliga iyo qoraalkiisaba.

Xusas dhowr ah oo loogu dabbaal degeyey konton guuradii ka soo wareegtay go'aankii taariikhiga ahaa ee lagu gaaray hirgelinta qoraalka farta Soomaaliga 1972-2022, iyo kii fidintiisa ee 1973, 74, iyo 75kii ayey ila noqotay in aan bal soo uruuriyo waxna ka iraahdo sooyaalka afkeenna iyo fartiisa, si dadka aan horay fursadda ugu helin ay wax uga ogaadaan, kana faa'ideystaan, gaar ahaan jiilka cusub iyo qof walba oo aan horay ula socon.

Qorayaal, cilmibaarayaal iyo hay'ado aqooneed ayaa horay wax uga qoray mowduucan taariikhda qoraalka farta Soomaaliga, midkanna wuxuu sii daba hayaa waxna ku biirinayaa kuwaa horay looga qoray.

Cabdiraxmaan Maxamed Abtidoon

ARAR ABTIRSIGA AF SOOMAALIGA

Afafka dunida haddii bah-bah loo kala qaado af Soomaaligu wuxuu galayaa bahda "Xamiito-Kushitig" wuxuuna ka sii loqonayaa "Kushitiga", haddana ka sii ah "Kushitiga Bari". Afafkaas waxaa ka mid ah: Oromo, Soomaali, Beja, Agow, Cafar, Saho iyo Sidamo.

Bare sare Cabdalla Cumar Mansuur buuggiisii Bahda afafka Kushitigga iyo taariikhda af Soomaaliga ee uu qoray 1983kii, wuxuu ku leeyahay "Culimada ku xeeldheer aqoon afeedka waxay koox koox su eg isugu baheeyeen afafka adduun weynaha lagaga hadlo. Afrika oo lagaga hadlo qiyaastii in ka badan ilaa kun af waxaa loo kala qeybiyey afar reer-afeed oo kala ah Afro-Asiatic, Nilo-Sahran, Niger-Kordo-fanian iyo Khoisan. Af Soomaaligu wuxuu ku jiraa reer Afro-Asiatic, wuxuuna ka sii yahay bahda Kushitikada.

Bahda Kushitikada waxay xiriir la leedahaya shan bahood oo kale oo kala ah Semitig, Berber, Afkii Masaaridii hore, Jaadig (Chadic) iyo Omotig (Omotic) waxaana afkaa loogaga hadlaa qaaradda Aasiya xaggeeda Bariga Dhexe iyo Afrika xaggeeda woqooyi, Woqooyi Bari iyo Woqooyi Galbeed".

Lixdaas bahood waxaa la isku oran jiray Hamiti-Semitic, markii dambana loogu yeeray Afro-Asiatic. "Xiriirka bahooyinkaa ka dhexeeya wuxuu ku qotomaa dhismaha naxwaha afka, gaar ahaan magac-u-yaallada, isrogrogidda falka iyo labada jinsi labka iyo dheddigga ee ay magacyadu leeyihiin." Ayuu leeyahay Bare Sare Cabdalla Mansuur.

Afafka la isku yiraahdo Kushitikada waxaa loogaga hadlaa dalalka Soomaaliya, Itoobiya, Eritreeya, Bariga Suudaan, Woqooyiga iyo bariga

Keenya, iyo Tansaaniya xaggeeda woqooyi. Bahdan Kushitiggu waxay ka kooban tahay afartameeyo af oo badankoodu yihiin lahjado dad yari ku hadlaan oo aan boqolaal ka badnayn kuwaasoo laga cabsi qabo in ay baaba'aan. Xiriirka ka dhexeeya afkaka Kushitigga la isku yiraahdana waa isu ekaanta erayada iyo qaab dhismeedka naxwaha, waxaana xeeldheerayaasha aqoon afeedku qabaan in ay ka soo wada unkameen hal af oo qura oo aan maanta jirin, iyadoo afkaa ay ka soo wada askumeen loo bixiyey Kushitikgii hore, culimada baarta aqoon afeedku waxay yiraahdaan magacu wuxuu ka soo jeedaa Khuush oo ahaa ina Xaam ahaana curadkiisii, Xaam iyo Saam-na waxaa dhalay nabi Nuux Nabadi korkiisu ha ahaatee.

Aqoonyahankii aqoon-afeedka Lee Reinisch ayuu ahaa ninka bixiyey magacaa Khushitika sannadkii 1858kii, waana ruuxii ugu horreeyey ee aad u baara afafkaan qaamuusyo iyo buugaag naxwana ka sameeyey. [1]

Afafka waxaa loo kala saaray afar koox oo kala af; Kushitikada woqooyi hal af, Kushitikada dhexe afar af, Kushitikada koonfureed siddeed af, iyo Kushitikada Bari shan iyo labaatan. Culimada afkaka baaraa waxay sheegeen in afkii la oran jiray Kushitikadii hore dadkii ku hadli jiray ay deggenaayeen inta u dhaxaysa Suudaan iyo Eritreeya, markaana goor hadda laga joogo ilaa toddoba kun oo gu' ay u kala hayaameen woqooyi iyo koonfur, sidaana uu afkii Kushitikadii hore u kala baxay afarta koox ee aanu soo sheegnay.

(Bahda afafka kushitigga, Prof. Cabdalla Mansuur 1983).

Hababka loo baaro sooyaalka ummadaha waxaa ka mid ah arkiyoolojiyada, antroboloojiyada iyo in lagu baaro aqoon-afeedka, habkan aqoon-afeedka waxaa lagu ogaadaa xiriirka isireed oo marka laga eegayo dhanka afkaka sida ay isugu mid yihiin, waxa ay ku kala duwan yihiin, halkii ay ka soo askumeen iyo weliba sidii ay u kala tageen iyo jihooyinkii ay u kala hayaameen. Waa aqoon aad u ballaaran aadna muhiim u ah xeeldheerayaashuna ay adeegsadaan.

Af Soomaaligu waxaa uu ka mid yahay luuqadaha Geeska Afrika kuwa ay ku hadlaan dadka ugu tiro badani. Dadka Soomaaliyeed ee ku hadlana waxay ku dhaqan yihiin deegaan aad u baaxad weyn oo u dhexeeya gacanka Tojorra ilaa iyo webiga Tana ee Waqooyiga Kiiniya.

HORDHEH

Hodantinimada afka Soomaaliga

Qoraal uu inooga tagay qoraagii iyo xeeldheerihii weynaa Siciid Jaamac Xuseen ayuu ku xusay hodantinimmada afka Soomaaliga. Siciid Alle ha u naxariistee wuxuu qoraalkiisa uga warramayaa sida uu afku u yahay hodan haddana ay erayadiisu u kooban yihiin. Isagoo si farshaxannimo sare leh uga warramaya wuxuu yiri:

"Af Soomaaligu waa af hodon ah. Sidaas ay tahay ayaa misna marka laysku dayo in af Soomaaliga ereyadiisa oo dhan, la soo tira-koobo, loogu tagayaa inay aad u yar yihiin haddii afaf kaloo badan la barbar dhigo. Meeday kolkaas hodonnimadii afka lagu sheegayey? Ma cidla-ka-faan bay iska ahayd? Maya.. ee bal qabsoo waa mid e afka hodonnimadiisa meelo kale ayaa loogu tegayaa. Waxay ku jirta baaxadweynida iyo qota-dheerida ereyadiisa ku duugan. In kastoo aynu niri Af-soomaaligu waa ereyo kooban yahay, haddana rog-rogga ereyga, isqabadsiinta laba erey, qodobka gadaal ama hore ka raacaya ereyga, meesha had walba ereygu weedha kaga jiro, iyo kuwo kaloo badan ayaa isla ereygii siinaya micnayaal fara badan oo si fudud loo kala garan karo.

Si kale haddan u dhigno, Af-soomaaligu wuxuu hoodo u leeyahay asal ahaan iyo dhismo ahaanba waa af aad ugu nugul una laylsan nolol-awoodkiisa, tarankiisa, fudayd-curintiisa, dhidib-adayggiisa, abuur-wanaaggiisa, iskorintiisa, aqoonqaadkiisa, adduun-higsadkiisa, isagoon marna rarkaas, ugboonayntaas iyo horumarkaas joogtada ahi wax khalkhal ah ku ridin micnahiisa, turxaan u yeelin qaab-dhismeedkiisa, labid u geysan dhawaaq-wanaaggiisa, kalana dhantaalin quruxdiisa ay u wada muraaqoodaan dadkiisa ku kala nool carrada isu kala jirta Jibuuti iyo Wajeer, Bosaaso iyo Hawaas iyo inta u dhexsaysa oo idil.

Hodonnimada Afka:

Rogrogga Ereyga.

1. Qabyaaladdu ha dhacdo
 (ha guuldarraysato)
2. Sidaasi waa dhac la arko
 (boob)
3. Tanise waa meel ka dhac
 (gaf)
4. Cir kasoo dhac
 (lama filan)
5. Waxba iga ma dhacaan
 (lacag ma haysto)
6. Geel/xoolo la dhacay
 (la xoogay)
7. Dhirbaaxuu la dhacay
 (ku dhiftay)
8. Markuu sawirka arkay, ayuu qosol la dhacay
 (hayn kari waayay)
9. Geed buu kasoo dhacay
 (Xajisan waayay)
10. Tulud geel ah oo dhacantay
 (luntay)
11. Casharka ka dhaadhici
 (si deggan ugu sharax)
12. Dhacdooyin inna soo maray
 (arrimo)
13. Markaan hoos ugu dhaadhacay
 (u fiirsaday)
14. Meel durugsan bay ku dhacday
 (meel aan looga fadhiyin)
15. Marka xiddiggaasi dhaco
 (libdho)
16. Hebel ku dhac ma laha
 (wax kuma dhiirado)
17. Imtixaankii buu ku dhacay
 (gudbi waayay)
18. Noloshii buu ka dhacay
 (ku fashilmay)
20. Ceel buu ku dhacay
 (galay)
21. Qaybtan waa hordhaca buugga
 (iftiiminta)
22. Dhereg-dhacsiga nala dhaaf.. ha nagu dhereg dhac san.
 (cayaarta naga daa)
23. Warqaddii la soo diray, meel daran iyo reero muskood bay ka dhacday
 (way luntay)
24. Cid iga dhicisa ayaan waayay
 (Iga celisa)
25. Jeedal buu la dhacay
 (ku garaacay)
26. Duumaa ka dhaadhacday
 (dishootay)
27. Libaax xoolaha u dhaca
 (weerara)
28. Jaadkii baa soo dhacay
 (magaalada yimi)
29. Lacagtii baa jeebkayga ka dhacday
 (siibatay)

30. Waxaas baa ka Dhaadhacsan
    (buu aaminsan yahay)
31. Geel laga qaaday bay soo dhiciyeen
    (soo ceshadeen)
32. Ma mooddaa in cirku ku soo dhacay
    (masiibo heshay)
33. Dhaxaa laygu yiri lagaa dhacan
    (cidlaa lagaaga tegey)
34. Isagoo dhacdhacaya ayuu aqalka soo gaaray
    (liita.. ama sakhraan ah)
35. Arrintii geesna uma dhicin
    (go'aan lagama gaarin)
36. Dayuuradey soo dhac !
    (burbur)
37. Belaayaa ku dhacday
    (masiibaa heshay)
38. Mashruucii wuu ka dhicisoobay
    (uma fulin)
39. Ismaqiiqii guuldarray uga dhaceen
    (kala kulmeen)
40. Covid-19 baa ku dhacday
    (haleeshay)
41. Dhinaca iijaarbixinta dibudhac kuma iman
    (waxba kuma baaqan)
42. Dabinkii bay ku dhaceen
    (waa la khiyaameeyay)
43. Siddig-siddigtaada mooyee, dhul dhacaaga hubso
    (miyir u soco)
44. Dhiciskaa maxaad kala hadlaysaa
    (naaquskaa)
45. Qorrax-dhac ka hor ma iman karo
    (maqribka)
46. Siday filayeen ma noqon, dhac-dhac bay ka heleen
    (kharash yar)
47. Habaar waalid baa ku dhacay
    (inkaar baa heshay)
48. Ha ka dhicin sallaamada, qaar lagu sigtaa jira
    (is ilaali)
49. Isagoo khudbaddii ku jira ayaa waqtigii ka dhacay
    (ka dhammaaday)
50. Xoolihii Jarra Horato ayay kala dhaceen.
    (meel fog ayay geesteen)

Sida qoraalkan Siciid Jaamac ka muuqata eray asalkiisu ahaa dhac ayaa wuxuu isu rogrogayaa yeelanayaana ilaa konton macno oo kala duwan lagana yaabee in la heli karo kuwa kale oo intaa ka badan. Wuxuu inoo sheegayaa in af Soomaaliga meelaha laga eegi karo hodantinimadiisa ay taa ka mid tahay.

HORDHEH

Cabdiraxmaan Maxamed Abtidoon

Qeybta 1
Qoristii Farta

HORDHEH   Cabdiraxmaan Maxamed Abtidoon

1
SOOYAALKII QORAALKA - FAR SOOMAALIGA

1

SOOYAALKII QORAALKA FARTA SOOMAALIGA

Afka Soomaaliga waxaa lagu tiriyo in uu ka mid yahay afafka ugu facweyn dunida sida ay qabaan qaar badan oo ka mid ah xeeldheerayaasha aqoon afeedka, waxaana looga hadlaa dalal dhowr ah oo ku yaalla Geeska Afrika. Sooyaalka Soomaalida ayaa sheegaya xiriirro ay la lahaayeen ummado badan oo ay ganacsi iyo sahanba wadaageen, halkaasoo laga heli karo raadad afka iyo dhaqanka Soomaalidii hore. Ummadahaa ayaa waxaa ka mid ah Masaaridii hore, Faarisiyiintii, Cismaaniyiintii, Jasiiradda Carbeed, kadibna waxaa xiriirku gaaray Hindiya, Shiinaha iyo dalalkii reer Yurub. Erayo iyo magacyo badan oo afkaa ka yimid ayaa ku soo biiray af Soomaaliga iyadoo erayadaa qaar ka mid ah ay barabixiyeen kuwa horay u jiray, qaar kalana ay noqdeen kuwa cusub oo ku soo biiray.

Afku waa astaanta ugu mudan ee ay ummadi kaga duwan tahay ummadaha kale, waxaana af kasta uu loolan iyo hardan xoog leh kaga yimaadaa afafka kale. Afka Soomaaliga ayaa muddo dheer wuxuu ahaa mid ay ku socdeen weerarro kaga imanayey afaf kale oo shisheeye, haba ugu badnaadeen afka Carabiga, Hindiga, afafka reer Yurub sida kuwii qabsaday qarniyadii 17aad, 18aad iyo kii ugu dambeeyey ee qarnigii 19aad. Afafkaa waxaa ka mid ah Boortaqiiska, Ingiriisiga, talyaaniga iyo Faransiiska. Weerarku waxaa kaluu ka imaneyey dalalka deriska sida Itoobiya oo Soomaalida degaankaas hoos tagta lagu qasbay in afka rasmigu yahay Amxaariga.

Haddaba weydiin ayaa halkaa ka soo baxaysa ah Soomaalida oo aan aad u tira badnayn sidee ayuu afkeeda oo aan qornayn uga badbaaday weerarradaa? Jawaabta waxaan ku saleyn karnaa laba:
1. Tan koowaad waa iyadoo qarniyadii hore Soomaalidu wax walba oo ay adeegsan jirtay ay u lahaayeen magacyo ay ula baxeen; dhirta, calafka la quuto, xilliyada iyo wixii la xiriira, cudurrada iyo daawooyinka, agabyada ay nolomaalmeedkooda ku maareyn jireen iyo wixii la mid ah, taa ayaa keentay in aan loo baahan erayo laga soo qaato afaf shisheeye.
2. Tan labaadna waxay ahayd Soomaalida oo leh kuna caan ah suugaan mug weyn, iyadaa u ahayd qaamuus iyo kayd uruuriya dhowrana afka.

Sidaa oo ay tahay erayo badan oo asal ahaan ay magacyo u lahaayeen ayaa lumay booskoodiina waxaa galay kuwa dool ah oo kaga yimid afaf kale. Way dhacdaa in afafku kala amaahdaan erayada oo afku maaha wax meel qura taagan ama lagu hayn karo. Way dhacdaa in aad af kale ka soo amaahato eray marka aadan mid kale u hayn, waxyaabaha kugu cusub ee kugu soo kordhana haddaadan eray bixin afkaaga ku saleysan u hayn waa la soo amaahdaa, afka ingiriisiga oo dalal badani u yahay afka rasmiga ah ayaa xitaa ka soo amaahday af Soomaaliga magaca Garanuug, waxaa dhici karta halka keliya ay ku arkeen ama meeshii ugu horreysay oo ay ku arkeen xayawaankaa yari in ay ahayd dhulweynihii Soomaaliyeed ee Geeska Afrika.

Afku haddaanu soo amaahan erayo uusan horay u lahayn oo laga ilaaliyo iyadoo aan beddel loo hayn, waxaa laga yaabaa in afkaasi uu soo koobmo, markaana yeelan waayo koboc iyo hodantinimo. Hase yeeshee waxaa habboon in laga ilaaliyo barabixin lagu sameeyo erayadii iyo magacyadii uu markii horaba lahaa oo markaa lagu beddelo kuwa dibadda laga soo guuriyey. Markii la soo gaaray 1920kii ilaa 1922kii qoraalka farta Soomaaliga waxaa u bilowday taariikh cusub, Cismaan Yuusuf Keenadiid ayaa qoray far ka duwan fartii carabiga iyo tii laatiinkaba, wuxuu soo saaray far u gaar ah oo leh xuruuf gaar ah, fartan waxay cadaadis weyn kala kulantay talyaanigii koofurta Soomaaliya ka talinayey isagoo diiddanaa in ay kiciso dhaqdhaqaaq cusub oo waddaniyadeed.

Sannadihii afartamaadkii ayey ku baahday Muqdisho iyo dhulkaa koofureen, ururkii Dhaqdhaqaaqa Dhalliyarada Soomaaliyeed S.Y.L markii uu soo baxayna fartaa Cismaan Keenadiid waxay noqotay mid ay aad ugu ololeyso, waxaa loogu yeeri jiray "far Soomaali" wallow dadka caarna ay ugu yeeri jireen ilaa haddana loogu yeero "farta Cismaaniya". Golayaashii ururkii dhalliyarada ee S.Y.L ayaa waxaa ka bilowday ololo lagu baranayo fartaas. Ururka S.Y.L wuxuu u adeegsan jiray farriimaha, gaar ahaan kuwa qarsoodiga ahaa ee ku socday xafiisyada ururka, xitaa Luwii markii dambe laga furay Somaliland, dhulkii Soomaalida ee Itoobiya ka talineysay iyo meel walba oo laan ay uga furnayd.

Fartaas Cismaaniyada ee sidaa u hirgashay waxaa ka hor yimid caqabado hor istaagay xawligii ay ku socotay: 1- iyadoo barashadeedu ka adkayd carabiga iyo laatiinka. 2- Saan caddaalihii dalka joogay oo u arkayey in far aan chayn middii ay yaqaaneen in ay iyaga dhibaato ku noqon karto. U diyaar garowgii xorriyad gaarsiintii iyo kadib madaxbannaanidii far Soomaaligii Cismaan Keenadiid waxay ahayd safka hore doodihii is diiddanaase meeshii lama bixin. Koox aqoonyahanno ah oo la baxay magaca Goosanka Afka iyo Suugaanta Soomaaliyeed marka la soo gaabiyana loogu wixi jiray Goosanka ayaa ahaa difaacayaashii ugu weynaa ee farta Cismaaniyada. Sannadihii kontameeyadii iyo lixdameeyadii waxay tooshka u siday faro kale oo dad Soomaaliyeed ay allifeen, waxay soo jiidatay dhallinyaro dhowr ahayd oo ku dhiirratay soo saaridda far uu yeesho afka Soomaaliga.

Doodo badan oo ku saabsan afka rasmiga ah ee dalku qaadanayo madaxbanaanida kadib ayaa socotay sannadihii kontomaadkii kuwaasoo soo gaaray horraantii lixdamaadkii, maadaama gobolladii koofureed afka maamulladii ay ku shaqeynayeen uu ahaa talyaani woqooyina ingiriisi. Culimadii diiniga iyo aqoonyahanno kale ayaa qabay in uu ahaado carabi afka rasmiga ah ee dalka, kuma ekeyn culimada oo keliya ee waxaa jiray dalal shisheeye oo gadaal ka riixayey qaadashada afka carabiga, dalalkaa waxaa ugu weynaa horseedna u ahaa Masar. Bulshadii Soomaaliyeed ee berigaa waxaa hareereeyey dooddaas oo la dareemayey muhiimaddeeda, goobaha lagu doodayey waxaa ka mid ahaa golayaashii ururradii dhaqdhaqaaqa waday ee ay ugu magac dheerayd S.Y.L, sidoo kale wargeysyadii Xamar ka soo bixi jiray sida "Corriere della Somalia" iyo "Somalia di Oggi" oo ahaa warbaahinta ugu weyn ee berigaa. Intii ku doodeysay in afka rasmigu noqdo Soomaali waxay aragtidooda ku saleynayeen in haddii la doonayo in Soomaalidii shanta loo kala qeybiyey meel la isugu keeno, afka ay u adeegsanayaan maamulka iyo waxbarashadu waa inuu ahaado Soomaali.

Markaa nooca farta la qaadanayo ka sokow waxaa barbar socday dooddaas ku saabsan afka maamul iyo waxbarasho ee uu dalku yeelan doono. Doodaha noocaa ah ayaa ahaa kuwa marar badan aad u kululaanayey lagana yaabo in ay mararka qaar gacan ka hadal gaarayeen, waxaa ugu wacnaa diidmada afafka ingiriiska iyo talyaaniga, iyo weliba farta laatiinka marka laga hadlayo qoraalka waxaa sal u ahaa diidmadii isticmaarka oo sannadahaa dabayl xorriyaddoon ay socotay.

Inkastoo Soomaalidii koofureed wixii ka dambeeyey 1949kii aysan si rasmi ah ugu jirin gacan gumeysi, haddana ma aysan haysan madaxbanaani buuxda oo waxay ku jirtay xilligii tobankii sano ee xorriyad gaarsiinta oo ay Qaramada Midoobay maamuleysay talyaaniguna loo doortay in uu hawsha qabto iyadoo ay kor joogteynayaan saddex dal oo kale.

Maqaal ku soo baxay wargeyskii "Il Corriere Della Somalia" ee ka soo bixi jiray Muqdisho sannadihii kontomaadkii ayaa cadadkiisii N.33 ee soo baxay 8dii febraayo 1952kii wuxuu bogga hore ku soo daabacay go'aankii baarlamankii ku meel gaarka ahaa, wuxuuna cinwaan uga dhigay: "Golihii deegaanka (Territorial Council) wuxuu go'aamiyey in afafka carabiga iyo talyaanigu ahaadaan afka rasmiga ah ee dalka, Soomaaliguna ahaado kan lagu hadlo". Waxaa go'aankaa gadaal ka riixayey sica cadba maamulkii madaxbannaani gaarsiinta ee Talyaaniga. Arrintaa waxay ka dhalisay bulshada dhexdeeda, waxaana jiray diidmo soo kordheysay gaar ahaan naadiyadii afka iyo dhaqanka ee magaalada Muqdisho ka dhisnaa, ururradii (xisbiyadii) dalkana way ku kala qeybsanaayeen.

SAWIR 1: *Wargeyskii Corriere della Somalia 8 Feb 1951*

Dadkii siyaasadda ugu cadcaddaa uguna sarreeyey ayaa marba marka ka dambeysa u soo badanayey taageeridda farta laatiinka. Mudane Cabdullaahi Ciise Maxamuud ra'iisulwasaarihii dawladdii daakhiliga ayaa soo saaray 1957kii wareegto uu ku amrayo in wargeyskii dawladda ee "Corriere della Somalia" oo ku soo bixi jiray af talyaani, bog ka mid ah wargeyska in lagu qoro Soomaali, waxaana cinwaanku ahaa "Wargeyska Soomaaliyeed" (Idaajaa "Shire Jama a pioneer") Shire Jaamac oo difaacaya farta laatiinka wuxuu yiri: "dalal kale oo muslim ah ayaa qaatay fartaa sida Turkiga iyo Indoniisiya, faraha la qorana cirka kama aysan soo degin ee waa wax uu bani'aadam sameeyey, laatiinka oo aan qaadanana barashadeena diinta waxba uma dhimeyso.

2

BILOWGII QORAALKII FARTA SOOMAALIGA

2

BILOWGII QORAALKII FARTA SOOMAALIGA

oomaalidu waxay muddo dheer ku taamaysay kuna baraarugsanayd sidii afkeedu u heli lahaa far qoran si looga badbaado in waxyeello ay ku timaado afka, dhaqanka iyo sooyaalka Soomaaliyeedba. Qoraal la'aantii afka Soomaaliga waxaa dadka Soomaaliyeed kaga lumay wax badan oo taariikh ah, kuwa maanta joogana ay dhaxal u heli lahaayeen. Qarnigii siddeed iyo tobnaad ee kaltirsiga miilaadiga waxaa dhulweynaha Soomaalida oo idil ka bilowday kacdoon cusub oo ay hoggaaminayeen culimadii diinta ee Soomaalida oo ku aaddanaa sidii loo heli lahaa far lagu qoro afka Soomaaliga. Qoraallo kala duwan marka laga eego dhanka xuruufta iyo codadka ayaa la isku dayey kuwaasoo dhammaantood ku qornaa xuruufta carabiga.

Enrico Cerulli (1964) iyo Cabdiraxmaan Faarax Guri Barwaaqo (2016) baa waxaa ay qoreen, in Sh. Ibraahiim Cabdalla Mayal uu isku dayay af Soomaaliga ku qora far Carbeedka aakhirkii qarniga 19aad. Wuxuu degganaa gobolka sanooyin ka bacdi British Somaliland noqon doona. Sannadkii 1934 ayaa ardaygiisa, oo ahaa Maxamed Cabdi Makaahiil daabacay buug yar, oo laga helo risaalado iyo maahmaahyo ba, kuwaasoo nidaamkiisa lagu dhigay. Cabdiraxmaan (2016) baa helay oo wax ka qoray oo dabacay. (G. Banti 2012).

SAWIR 2: *Baalka 1aad ee buugga Maxamed Cabdi Makaahiil.*
Xigasho: *Buugga Cadiraxmaan Guribarwaaqo (2016).*

Maxamed Cabdi Makaahiil ayaa wuxuu allifay qaab cusub oo xuruufta carabiga lagu qoro farta Soomaaliga isagoo meela dhowr ah uga duwanaa farihii dadkii kale ee ku hawlanaa qorista Soomaaliga gaar ahaan xuruufta carabiga.

Mid ka mid ah maahmaahyadii laga helo buuggii Maxamed Cabdi Makaahiil:

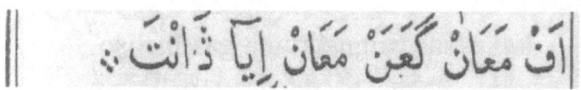

"Af macaan gacan macaan iyaa dhaanta"

SAWIR 3: Xigasho: *Buugga Cadiraxmaan Guribarwaaqo (2016).*

Tan iyo markii la bilaabay in lagu fekero in af Soomaaliga loo yeelo far qoran, isku dayadii ugu horreeyey waxay u badanaayeen kuwa ku qoran Carabi oo culumadii hore oo qoraalladooda farriimeed ay isugu gudbin jireen. Qoraalka Soomaaliga ee xuruufta Carabiga ayaa soo gaaray horraantii iyo bartamihii qarnigii tagay ee 20aad. Culimadii iyo aqoonyahannadii aadka ugu caan baxday ee qoraalladooda la hayo waxaa ka mid ahaa:

1. Sheikh Aweys Maxamed Baraawi
2. Sayid Maxamed Cabdulle Xasan
3. Maxamed Cabdulle Mayaale
4. Cismaan Yuusuf Keenadiid
5. Sheikh Cabdiraxmaan Qaadi
6. Muuse Xaaji Ismaaciil Galaal
7. Dhamme J. S. King

Waxaan idin la wadaagayaa xaashi la qoray muddo hadda laga joogo ilaa 93 sano oo uu nin la yiraahdo Xaashi Dirir u diray xaaskiisii Habban Wacays. Xaashidu waxay ku qoran tahay farta carabiga, waxana aqoonyahan Siciid Jaamac Xuseen u rogay farta Soomaaliga ee latiinka ah.

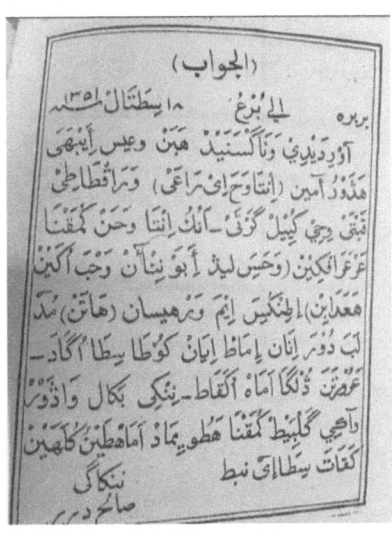

Berbera ilaa Burco.
18 Sidataal 1351

Ooridaydii wanaagsanayd, Habban Wacays Eebahay ha dhawro, aamiin. Intaa waxa ii raacay: waraaqdaadii qabtay, wixii ku yiil gartay, anigu intaa waxan ku maqnaa carcaraafkiin, waxase la yidhi: Eebbow nin aan waxba ogayn ha cadaabin, idinkuse iima war haysaan. Haatan, muddo laba doora inaan imaaddo ayaan ku wadaa, sidaa ogaada, caruurtana dhulkaa amaah uga qaad. Ninkii Bakaal Waadhewr waa kii Galbeed ku maqnaa, hadduu yimaaddo amaahdaynnu ku lahayn ka qaata, sidaa iyo nabad.

Ninkaagii Saalax Dirir.

"Berbera ilaa Burco. 18 Sidataal 1351.
Ooridaydii wanaagsanayd, Habban
Wacays Eebahay ha dhawro, aamiin.
Intaa waxa ii raacay: waraaqdaadii
qabtay, wixii ku yiil gartay, anigu intaa

*waxan ku maqnaa carcaraafkiin,
waxase la yidhi: Eebbow nin aan waxba
ogayn ha cadaabin, idinkuse lima war
haysaan. Haatan, muddo laba doora
inaan imaaddo ayaan ku wadaa, sidaa
ogaada, caruurtana dhulkaa amaah uga
qaad. Ninkii Bakaal Waadhawr waa kii
Galbeed ku maqnaa, hadduu yimaaddo
amaahdaynnu ku lahayn ka qaata, sidaa
iyo nabad.
Ninkaagii Saalax Dirir."*

      SAWIR 4: *Xigasho: Buugga Cadiraxmaan Guribarwaaqo (2016).*

Sida aad ku aragtaan qoraalka sare waa xaashidii Xaashi uu qoray oo ku qoran xuruufta carabiga.

3
KAALINTII AQOONYAHANNADII SOOMAALIYEED

QAYBTA 3 — Cabdiraxmaan Maxamed Abtidoon

3

KAALINTII AQOONYAHANNADII SOOMAALIYEED

Intii aysan reer Yurub iman oo qabsan dhulka Soomaaliyeed, maansayahanno u badnaa kuwa wax ka tiriya diinta islaamka afka carabigana yaqaanay ayaa gabayadooda isku dayayey sidii loogu kaydin lahaa hab aan ahayn hababkii hore loo adeegsan jiray ee ahaa xifdinta iyo in dusha laga qabto iyadoo afka Soomaaligu lahayn far qoran. Laakiin waxaa dhici jirtay laba ruux oo maansooyinkooda ku qora xuruufta carabiga in aysan isku qoraal noqon qofka akhriyana uu isku si u akhriyi karin, waxayna qaadatay muddo dheer baadi goobka far la isku wada raacsan yahay.

Afka Soomaaligu in uu helo far qoran halgan dheer ayaa loo soo maray aqoonyahanno Soomaali iyo shisheeye isugu jira ayaa waqti iyo dadaal weyn geliyey. Waxaa hubaal ah in aanu halkan ku wada xusi karin dadkaas ama ilowshiyo ha ahaato ama xog badan oo aanan ka hayn ha ahaatee waxaanse hubaa in ay qoraallo kaloo badani ku xusan yihiin.

1. Xilligii Yuusuf Al Kawneyn (Aw Barkhadle)

SAWIR 5: *Sheekh Yuusuf bin Axmed Al Kawnayn*

Sheekh Yuusuf bin Axmed Al Kawnayn wuxuu ka yimid jasiiradda carbeed qarnigii laba iyo tobanaad isagoo ka soo degey xeebaha Somaliland. Wuxuu ahaa wadaad dadka bari jiray diinta Islaamka, culimo badan ayaa ku xirmay oo wax ka baran jiray. Sheikh Yuusuf Al Kawneyn oo dadku u yaqaan Aw Barqadle ayaa loo tiriyaa in uu isagu hindisay higgaadda Soomaalidu taqaan ee Alif la kordhabay, Alif la hoos dhabey, Alif laa goday, in kastoo caddaymo rasmi ah aan la haynin haddana waxaa lagu wada qanacsan yahay in uu ahaa aabbihii higgaadda carabiga ee la Soomaaliyeeyey.

Xilligaa ka hor dadka baranaya quraanku waxay higgaadda u baran jireen alif, ba, ta, iwm, dadkana way ku adkayd markay baranayaan in ay xusuustaan, balse markii higgaadda la Soomaaliyeeyay dad aad u fara badan ayaa sidaa ku bartay oo waa taa ilaa iyo hadda socota. Markaa halkaa bay ahayd bay qabaan aqoonyahannada baara bilowgii isku daygii ku qoridda farta Soomaaliga xuruufta carabiga. Qarnigii sagaal iyo tobnaad waxaa Bariga Afrika ka bilowday in qoralka afafka looga hadlo gobolka loo yeelo xuruuf, waxaana lagu qorayey farta carabiga. Afafka lagu bilaabay waxaa ugu horreeyey Sawaaxiliga oo dadyow badani ku hadlaan, sidoo kale deegaanka Harar ayey hawshaasi ka bilaabatay soona gaartay dhulweynihii Soomaalida. Xilliyadaa wixii ka dambeeyey waxaa marba marka ka dambeysa sii fidayey ku qoridda Soomaaliga xuruufta carabiga.

2. Sheekh Aweys Al Barawi

Waxaa ilaa iyo hadda la hayaa raadadkii qoraalladaas oo u badan qasiiddooyinkii xertii dariiqada. Sheekh Aweys Al Barawi oo ku dhashay degmada Baraawe wuxuu kaluu ku noolaa dhulkii Jubbada Sare la oran jiray gaar ahaan deegaannada gobolka Bakool ayaa qasiiddooyin badan oo afka Maayga ah ku qoray xuruufta farta carabiga, markii hore waxay ku fidday deegaannadaas kaddibna dhulalkii kale ee ku hareereysnaa. Sheekh Aweys waxaa lagu wadaa in uu dhashay 1847kii wuxuu ku geeriyooday Biyooley sannadkii 1909, qoraalladii halkaa kuma joogsan ee way sii socdeen. Sheekh Awees luqad ahaan wuu ka duwan yahay dhammaan ilaha kale, sida uu wax ugu qoro lahjado isku dhafan oo ka kooban lahjadaha Koonfurta Soomaaliya, taas oo ka muuqata doorashada qoraalkiisa, oo uu si faahfaahsan u darsay Cerulli (1964). Qasiiddadii caanka ahayd ee uu curiyey Sheekh Aweys Baraawi ee loo yaqaan "Abbaay Siti" ayaa qoraallada la hayo waxaa ka mid ah middan hoos ku qoran:

SAWIR 6: *Xigasho: Scrittura: Giorgio Banti*

Labada tixood ee ugu horreeya ayaa marka farta laatiinka lagu qoro waxay noqonayaan sidan:

Abbay Sittidey Abbay Sittidey   *Nuurkii Mukhtaar batuula Nawii*
Iimaanka salaat zakaata xajaa   *Soonkaa sabarkaada Abbay Sittidey*

Ilaha ugu muhiimka ah ee ku saabsan Sheekh Awees eeg hooqorka (footnote).[1]

Kala duwanaashaha laba far ee Sheekh Aweys iyo Maxamed C. Makaahiil ayaad ka arki kartaa shaxda hoos ku qoran;

	Maxamed Cabdi Makaahiil	Sheekh Awees
g	گ	غ ~ ک
dh	ڎ	ط
d	ط ~ د	د

SAWIR 7: *Xigasho: Taariikhda Qoraalka Af Soomaaliga (Giorgio Banti)*

Sidaa ayey faraha aqoonyahannadaas oo idil ku kala duwanaayeen bilowgii raadinta in afka Soomaaliga lagu qoro xuruuf carbeed. Isla horraantii qarnigii tagay ee 20aad ayaa aqoonyahan kale Soomaaliyeed wuxuu allifay far cusub. Cismaan Yuusuf Keenadiid ayaa soo saaray fartaas oo inta badan loogu yeeraa "Cismaaniya" sannadkii 1920kii.

Cismaan Keenadiid wuxuu ku dhashay Ceel-buur sannadkii 1899kii, wuxuu

---

1 Cerulli, Somalia, vol I: 187 f., vol III: 117-38; Moreno, Il somalo della Somalia: 364-67; Said S. Samatar, "Sheikh Uways Muhammad of Baraawe, 1847-1909. Mystic and reformer in East Africa; Abd al-Raḥmān b. Umar al-Qādirī, جلاء العينين Jalā' al-caynayn, iyo جوهر النفيس Jawhar al-nafīs (2 buug ku sabsan manaaqibtiis).

ahaa gabyaa maansadiisu inta badan ku saleysnayd waddaniyadda iyo madaxbannaanida ummadda. Cismaan Yuusuf Keenadiid waxaa uu ka mid ahaa 4 wiil oo uu dhalay suldaankii Hobyo Suldaan Cali Yuusuf Keenadiid. Cismaan wuxuu ahaa nin aqoon u leh Luuqadaha Carabiga iyo Talyaaniga. Waxaa intaa u dheeraa isaga oo ahaa gabayaa iyo suugaan yahan. Markii hore waxaa uu Cismaan isku dayey inuu af Soomaaliga ku qoro xuruufta af Carabiga. Laakiin arrintaas wuu ku qanci waayay. Gaar ahaan markii xarfaha Carabiga uu ka waayey qaar matali kara dhawaaqyada gaarka u ah luuqada Soomaaliga.

Farta dadka inta badani ay u yaqaanaan Cismaaniya, waqtiyadii la soo maray qeyb ka mid ahna la oran jiray far Soomaali ayuu allifay, taasoo uu ku hawlanaa intii u dhexeysay 1920kii ilaa 1922kii, noloshiisa inta badan wuxuu u dhexeeyey magaalooyinka Ceelbuur iyo Hobyo. Carabiga iyo talyaaniga uu si wanaagsan u yiqiin ayaa saamayn ku leh qoraalkiisii farta, wuxuu weliba wax ku qori jiray inta badan xuruufta carabiga turjumi jirayna, hase yeeshee markuu soo saaray fartiisii caanka noqotay sannadihii afartamaadkii ilaa lixdamaadkii waxay fartaasi ka koobnayd 29 xaraf oo 19 ay ahaayeen shibbanayaal iyo 10 shaqal oo isugu jira shan gaagaaban iyo shan dhaadheer. Cilmibaarayaasha fartan Cismaaniyadu waxay yiraahdaan sababta uu u doortay fartaa in uu allifo waxay ahayd isagoo farihii carabiga iyo

SAWIR 8: *Xigasho: https://arcadia.sba.uniroma3.it/*

laatiinka ka waayey codadka qaar uu af Soomaaligu leeyahay. Enrico Cerulli qoraal uu ku daabacay majalad la oran jiray "Oriente Moderno" oo ka soo bixi jirtay Roma, Talyaaniga, ayna soo saari jirtay hayadda "Istituto Per L'Oriente" ayaa cadadkii soo baxay disember-jenaayo 1932kii wuxuu ku sheegay in Cismaan Yuusuf Keenadiid fartii uu allifay ku saleeyey carabiga uu si wanaagsan u yaqaanay iyo talyaaniga, xuruufta shibbanaha iyo shaqallada dhaadheer uu ka soo qaatay carabiga, shaqallada gaagaabanna laatiinka.

Cismaan Keenadiid shaqallada dhaadheer wuxuu u adeegsaday calaamad yar uu kor ka saaray shaqalka gaaban ee uu doonayey in uu ka dhigo mid dheer, shibbanayaasha carabiga ku jira ee aan Soomaaliga laga helinna wuu ka tagay. Dhawaqa xuruufta carabiga ku jira iyo kuwa Soomaaligu meelo ayey ku kala duwan yihiin oo xuruuf ku jirta carabiga ayaan laga helin Soomaaliga, kuwa Soomaaliga ku jirana aan qaarkood laga helin Carabiga. Xeeldheerayaasha naxwaha Soomaaliga waxay muddo ka doodayeen in uu jiro eray asalkiisu Soomaali yahay oo "Kh" ka bilowda, iyagoo kuwa qaba in uusan jirin ay ku saleeyaan in erayada kh-da ka bilowda ay ka soo wada jeedaan carabiga, maadaama Soomaali badan ay kh-da u akhriyaan "Q" la iska daayo "kh-da". Erayada kh-da ka bilowdo waxa ka mid ha Khad, Khamiis, Khaanad iwm, halka in badan maantaba marka ay qorayaan ama akhrinayaan "Akhris" ay u qoraan ama u akhriyaan "Aqris".

Carabigu wuxuu kaluu leeyahay "ذ", "ج", "ظ" iyo qaar kale oo ay kala dhawaq yihiin, Keenadiid aad buu ugu dadaalay in uu xal u helo kala duwanaashaha Soomaaliga, carabiga iyo laatiinka. Farta Cismaaniyadu waxaa weeyaan farta ugu da'da weyn uguna caansaneyd faraha ay Soomaalidu allifeen, amase aynu ugu yeedhi karo Faraha Waddaniga ah (National Scripts).

Cismaan Yuusuf wuxuu soo bandhigay far Soomaali uu isagu allifay oo runtii wax weyn ku soo kordhisay horumarinta af Soomaaliga. Fartani waxaa ay markii ugu horreysayba suurtogelisay in la helo shaqalo iyo xuruuf lagu qori karo dhammaan lahjadaha iyo dhawaaqyada af Soomaaliga. Intii aan la qaadan Far Soomaaliga aynu hadda isticmaalo, waxay farta Cismaaniyadu ahayd tan ugu caansan faraha af Soomaaliga ah ee jirey. Waxaa sannadihii lixdamaadkii isticmaali jirey dad lagu qiyaasay 50,000 oo qof. Waxay dadweynaha fartan yaqaana u isticmaali jireen in lagu wada xidhiidho laguna keydiyo qoraalada af Soomaaliga. Waxaa jira qoraallo fara badan oo fartan ku qoran oo ay haystaan shakhsiyaad gaar ahi (private collections), oo ay qaar ka mid ah leeyihiin muhimad suugaaneed iyo mid taariikheedba.

Bilawga xaanshi uu sannadkii 1956kii wiilkii uu dhalay Cismaan Y. Keenadiid, aqoonyahankii weynaa iyo xeeldheerihii aqoon-afeedka Yaasiin Cismaan Keenadiid farta Cismaaniya ku qoray waxay u qornayd sidan:

Laal

Laal ku waa cayaar Soomaaliyeed. Carruur iyo /
dhallinyaro ba waa cayaaraan. Dad ka cayaara /
haya, tiro u goonni ma jirto. Kob ta (goob) /
weynaan keedu, waa hadba inta tiro du tahay.

Fartani waxay ka kooban tahay xuruuf aan isku dhagganayn (no cursive writing). Waxaa laga bilaabaa qoraalkeeda dhinaca bidixda una socota dhanka midig, waxayna leedahay qoraalkeeda tirada (numerals). Guddiga Luuqada ee 1961 dii waxaa uu fartan ku tilmaamay inay leedahay 7 qoddob oo faa'iido ah iyo 10 dhalliilood.

Arrintaasina waxay keentay in lagu taliyo inaan fartan la qaadan. Macluumaad dheeraad ah oo fartan ku saabsan waxaa laga heli karaa qoraalada uu diyaariyey B.W. Andrzejewski oo loo yaqaano Macallin Guush oo ku jira buugga la yiraahdo Handbook of Somali Studies, oo uu isku dubbariddey Charles L. Geshekter iyo qoraalo kale oo ay diyaariyeen Manio, Maria: La Lingua Somala: instrumento D'insegnamento professionale. Alessandria, Italy: Ocella, 1953 iyo Moreno Mario Martino. Il Somalo della Somalia. Rome: Instituto Poligrafico dello Stato, 1955.

Sheekh Cabdiraxmaan Sheekh Nuur ayaa allifay far loogu yeeray farta "Boorame" dadka qaarna ay ugu yeeraan "Gadabuursiya" sannadkii 1933kii. Sheekh Cabdiraxmaan wuxuu ku dhashay isla markaana ku koray magaalada Boorama, Sheekh Cabdiraxmaan wuxuu markuu yaraa waxbarasho u tegay magaalada Harar, halkaasi oo ku soo bartey Quraanka iyo aqoon kale oo maadi ah. Wakhtigii dhallinyarnimadiisii wuxuu macallin Quraan ka ahaa deegaano badan oo Waqooyiga.

T	BORAMA LETTER A	P	BORAMA LETTER J	ㄱ	BORAMA LETTER C
H	BORAMA LETTER E	O	BORAMA LETTER DH	㇆	BORAMA LETTER F
I	BORAMA LETTER I	؟	BORAMA LETTER G	]	BORAMA LETTER Q
⊥	BORAMA LETTER II	ʮ	BORAMA LETTER H	I	BORAMA LETTER K
C	BORAMA LETTER U	ʮʃ	BORAMA LETTER KH	Γ	BORAMA LETTER L
CC	BORAMA LETTER UU	T	BORAMA LETTER D	∩	BORAMA LETTER M
ͻ	BORAMA LETTER OO	S	BORAMA LETTER R	U	BORAMA LETTER N
ƒ	BORAMA LETTER B	3	BORAMA LETTER S	ℚ	BORAMA LETTER W
J	BORAMA LETTER T	6	BORAMA LETTER SH	ȝ	BORAMA LETTER Y

Taariikhdu markii ay ku beegneyd 1933dii Sheekh Cabdiraxmaan Sheekh Nuur waxaa uu allifay Far Soomaali, markii dambena loogu magac daray qabiilkiisa. Sheekh Cabdiraxmaan waxaa uu ahaa nin wadaad ah oo aqoon fiican u leh diinta Islaamka. Waxaa uu macallin diinta Islaamka dhiga ka ahaa Waaxda Waxbarashadda ee Maxmiyadii Ingiriisiga ee Waqooyiga Soomaaliya. Waxaa uu markii dambe Qaadi ka noqdey magaaladda Boorame, jagadaas oo uu aabbihii uga dambeeyey. Fartaas uu Sheekh Cabdiraxmaan soo saarey waxay ka mid ahayd farihii la soo hor dhigay Guddiga Luuqada. Fartani waxay ahayd mid ay dad aad u tiro yari yaqaanaan, isla mar ahaantaasna, aysan dadka badankii maqalba. Sidaas darteed, daraasaad badan iyo wax horumar ah laguma sameyn sida tan Cusmaaniyada. Hase ahaatee, waxay leedahay qiimaheeda taariikhiga ah. Fartan markii la hor dhigay Guddigii Luuqada ee 1961dii, waxay ku tilmaameen inay leedahay 5 qoddob oo faa'iido ah iyo 12 cilladdood. Taasina waxay keentay in lagu qanci waayo sidii tii Cusmaaniyada oo kale.

1952kii Xuseen Sheekh Axmed Hilowle oo ku magac dheeraa "Kaddare" ayaa isna soo saaray fartii loogu yeeri jiray "Kaddariya"

QORISTII FARTA iyo FIDINTEEDII
Cabdiraxmaan Maxamed Abtidoon

Kaddare wuxuu ku dhashay deegaanka Cadale 1935kii, waxaa caan ah in carruurta Soomaalida iyagoo da'yar la geeyo dugsi ay Quraanka ka bartaan. Waxbarashadiisii Quraanka kadib wuxuu soo qabtay hawlo badan oo kala duwan. Kadib markuu soo galay Muqdisho wuxuu ku biiray xer ka mid aheyd xertii ka jirtay magaalada wuxuuna intaas ka dib waxbarasho ka bilaabay dugsigii Macallin Jaamac oo berrigaas la oran jiray Cardinal Maole Serale" ahaana waxbarashada waa weyn, markii uu dhammeystay-barashadii Dugsiyadii Hoose & Xuseen Kaddare wuxuu madax ka urur la oran jiray Compania Ar-Centrale, wuxuuna ahaa nin ruwaayadaha. Ruwaayadihii sameeyay kuwii ugu caansanaa waxaa ahaa ruwaayaddii la oran jiray "Nijoogin ma jiro", halkaas oo uu sheegay in uu ka soo raacay magaca KADDARE oo uu ku jilayay ruwaayadd-aas. Wuxuu ahaa laashi-in, gabyaa, nin guurooba, geeraara, shirba. saia "Scudadka na wax-Dhexe. noqday tistiche sameeya u u ka mid maan

Wuxuu ka soo shaqeeyey Raadiyo Muqdisho wuxuuna ahaa xiriiriye, wuxuu kaluu noqday barnaamij soo saare, qoraa taariikhda, dhaqanka & suugaanta Soomaalida & cilmi baare. Xusseen Sh. Axmed "Kaddare" wuxuu sannadkii 1952kii soo saaray far Soomaali qoran oo uu isagu sameeyay fartaas oo loo yaqaano Kaddariya. Markii ay chalatay xukuumaddii Kacaanka 21kii October, sannadkii 1969kii, ballanqaadkana ku bixisay qoraalka farta Soomaaliga waxay u yeertay guddiyadii asalka u ahaa isku dayadii la sameeyay kuwaas oo ay ka mid ahaayeen;

1. Xaaji Muusse Galaal
2. Prof. Ibraahim Xaashi
3. Shire Jaamac Axmed
4. Yaasiin Cusmaan Yuusuf Kenadiid
5. Dr. Xussein Sh. Axmed "Kaddare"

Markii ay soo shaac baxday fartii Cismaaniyada oo markii hore loo yiqiin "Far Soomaali" naadigii SYL-na u ahayd yool la hiigsanayey si looga xoroobo faraha gumeystayaashii, ayuu Kaddare ka mid ahaa sida uu sheegay dadkii bartay, markaana wuxuu ku fekeray in uu isna allifo far kale oo u gaar ah.

Xuseen waxaa uu ahaa nin dhallinyar oo aad u firfircoon oo ka tisanaa shaqaalihii Raadiyo Muqdisho. Markii dambana, waxaa uu noqdey madaxa qeybta af Soomaaliga ee Akademiyadii Cilmiga iyo Fanka (Somali Academy of Sciences and Arts). Farta Kaddariya waxay u qornayd mid bidix ka bilaabata oo midig ku dhammaata sida farihii Cismaaniya, Boorama iyo kuwa kale, hase yeeshee ma aysan yeelan makiinado iyo calab lagu garaaci karo iyo qoraallo fartan ku soo baxay.

Guddigii loo xilsaaray in ay go'aan ka gaaraan farta la qaadanayo ee 1961kii waxaa ay soo jeediyeen in meelo ay sheegeen laga saxo, kadibna markii dib loo habeeyey waxay guddigi ku qiimeeyeen inay kaalinta labaad gashay iyadoo kaalinta koowaad ay siiyeen fartii Laatiinka ee uu soo gudbiyey Shire Jaamac Axmed. Xuseen Sheekh Axmed Kaddare Alle ha u naxariistee wuxuu ku geeriyooday Muqdisho 2015kii.

3. Ustaad Ibraahim Xaashi Maxamuud

Intii ay socotay dabaysha xorriyadda ayaa aqoonyahanno kale oo Soomaaliyeed waxay ku dadaaleen sidii farta carabiga loogu qori lahaa Soomaaliga, aqoonyahannadaa waxaa ugu caansanaa Muuse Xaaji Ismaaciil Galaal oo markii dambe u weecday dhanka latiinka, waxaa kale oo dhanka carabiga calanka u siday Ustaad Ibraahim Xaashi.

Ustaad Ibraahim wuxuu ku dhashay Xuddur 1929kii, wuxuu ahaa astaanta qoraalka far Soomaaliga ee xuruufta carabiga iyo u doode qaddiyaddaas, ma uusan ka tanaasulin ilaa iyo ugu dambeyntii la go'aansaday in farta laatiinka ah la qaato. Waxaa raacsanaa oo uu calanka u siday naadiyo iyo shakhsiyaad badan oo aaminsanaa xuruufta carabiga mooyee in aysan Soomaalida aqbalin far kale. Waa markii ay soo baxayeen halkudhegyadii ay ka mid ahaayeen "Laatiin waa laa diin" iyo tii kale qoraalkiisii laga soo xigtay ee ahayd "Asoomaaliyatu bi luqatul Qur'aan" oo labadoodaba noqonaya Laatiin waa diin la'aan iyo Soomaaliga oo ku qoran luqadda Qur'aanka. Ibraahim Xaashi wuxuu ka mid ahaa guddiyadii loo saaray xal u raadinta far Soomaaliga, inkastoo caafimaad darri awgeed inta badan uu ka maqnaa shirarkii ay guddiyadii qabsanayeen. Wuxuu ku geeriyooday Muqdisho 1975kii.

SAWIR 9: *Ustaad Ibraahim Xaashi Maxamuud*

4. Shire iyo kaalintiisii farta laatiinka

Shire Jaamac Axmed wuxuu ku dhashay Wardheer sannadkii 1936kii, wuxuu ahaa xeeldheere afeed isagoo ka mid ahaa dadkii isu hawlay sidii loo horumarin lahaa ku qoridda laatiinka ee far Soomaaliga. Dhalliyaranimadiisii ayuu u soo wareegay Muqdisho halkaasoo uu ka sii watay waxbarashadiisii, isagoo aad u jeclaa cilmi afeedka, wuxuu si wanaagsan u bartay afafka carabiga, ingiriiska iyo talyaaniga. Sannadihii 1951 ilaa 1954kii wuxuu afka carabiga iyo culuunta islaamka ka baranayey jaamacadda Al Azhar ee Qaahira, sidoo kale wuxuu waxbarasho jaamacadeed ka soo qaatay dalkii Midowgii Soofiyeedka. Shire intii uu waxbarashada

SAWIR 10: *Xigasho: https://alchetron.com/Shire-Jama-Ahmed*

u joogay Qaahira ayey ku sii weynaatay kuna qancay fikirka ah in far aan laatiinka ahayn aysan ku haboonayn in lagu qoro Soomaaliga, wuxuuse dooddiisaas u soo bandhigay markuu Muqdisho ku soo noqday. Shire wuxuu soo saari jiray wargeys marna bille ahaa marna laba toddobaadle oo la oran jiray Iftiinka Aqoonta bartamihii lixdamaadkii, kaasoo ku soo bixi jiray farta laatiinka. Shire wuxuu ka tirsanaa Akademiyada Cilmiga iyo Suugaanta oo uu masuuliyiinteedii ka mid ahaa, guddoomiyana ka ahaa intii u dhexeysay 1975 ilaa 1976kii.

Shire Jaamac Axmed wuxuu ka mid ahaa aqoonyahannadii sannadihii lixdamaadkii soo hordhigay guddiyadii loo saaray kala doorashada farihii kala duwanaa, farta laatiinka oo isaga iyo Muuse Xaaji Ismaaciil Galaal, waxay mucaaradad weyn kala kulmeen hoggaamiyaashii culimada Islaamka Soomaaliyeed oo aaminsanaa in Soomaalida oo 100% muslimiin

...ah aan far aan tan carabiga ahayn aysan suurta gal ahayn in afkeeda lagu qoro iyo in farta laatiinka ay gadaal ka riixayaan gaaladii dalka haysatay.

Dhammaadkii kontameeyadii ilaa horraantii lixdameeyadii Shire wuxuu uruuriyey sheeko-hiddood, gabayo, maahmaahyo iyo murti fara badan oo uu markii dambe ku soo daabici jiray wargeyskii uu soo saari jiray ee Iftiinka Aqoonta.

Shire Jaamac Axmed, isagu xuruuftiisii laatiinka ahayd waxay u dhignayd sida hadda loo qoro far Soomaaliga. Majalladiisii afar iyo tobanlaha ahayd wuxuu ku soo daabici jiray gabayo, maahmaahyo, sheekooyin iyo qeybo kale ah. hase yeeshee ilaa bartamihii lixdamaadkii xuruufta qaar oo aan hadda la labalaabin isagu wuu labalaabi jiray sida "F-da" oo galka kore ee majallada waxaad ku arkaysaa isagoo u qoray sida "Iftiinka Aqoonta – Affar iyo Tobnaadle", bogga 13aadna "ka Affeeftay" ama bogga 12aad Siffaynta ayuu qorayaa, wuxuu kaluu labalaabi jiray "X-da" iyo "S-da". Tusaale, bogga labaad waxaa ku qoran "Issagu ma askari baa", eeg bogga 8aad: "cussub", meel walba oo "S-du" ugu muuqatay in ay culus tahay wuu labalaabayey. Sidoo kale "Xasan" wuxuu u qorayey "Xassan" (eeg bogga 8aad). Qaar ka mid ah erayada is rogroga wuxuu u qorayey sida "maqalshay" = maqashay, "dhalshaa"=dhashaa, "dhaladtaa" = dhalataa iyo kuwa la mid ah.

Idaajaa qoraalkiisii ku sheegay in Shire uu dhamaystiray farta laatiinka ee Soomaaliga ka hor madaxbanaanidii 1960kii, isagoo qaatay shibbanayaasha laatiinka oo dhan oo aan ka ahayn P, V iyo Z, sidoo kale shaqallada A, E, I, O iyo U. Xarfaha C, X iyo Q ayaa loogu

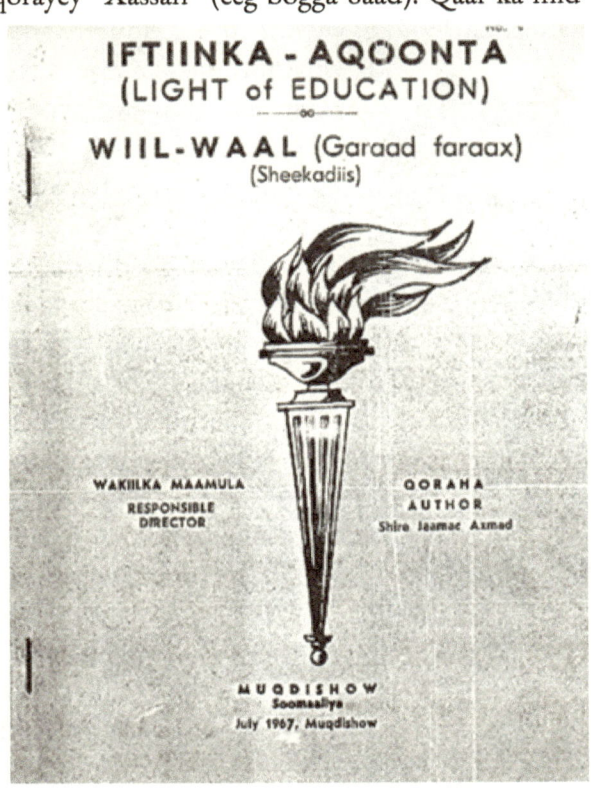

dhawaaqayey sida hadda loogu dhawaaqo, shaqalladana laba-laba ayuu ka dhigay marka la jiidayo erayga. Madaxbannaanidii iyo midowgii labadii gobol ee woqooyi iyo koofur kadib afka rasmiga noqonaya iyo xuruufta lagu qorayo far Soomaaliga midna laguma heshiin, afkii maamulka iyo waxbarashada waxay sii ahaayeen sidii markii uu dalku ku jiray gacanta dalalkii shisheeye, ingriiska iyo talyaaniga ayaa waxaa soo wehlinayey carabiga marka ay noqoto afka loo adeegsanayo dugsiyada iyo xafiisyada dawladda. Waxaa sii xoogeystay baahida loo qabo in la helo far qoran si looga baxo jahawareerkaas.

Dadkii kale ee far curiyeyaasha ahaa waxaa ka mid ahaa Mustafe Sheekh Xasan Cilmi lahaa far la oran jiray "Konton Barkhadle" aanse aad u faafin, wuxuu ka mid ahaa guddigii af Soomaaliga ee 1961kii, wuxuu ku geeriyooday Muqdisho 1983kii.

5. Muuse Xaaji Ismaaciil Galaal

Muuse Xaaji Ismaaciil Galaal wuxuu ku dhashay gobolka Togdheer sannadkii 1917kii, wuxuu ahaa xeeldheere afka iyo dhaqanka Soomaalida wuxuuna ahaa marjac wax laga weydiiyo, sidoo kale wuxuu si wanaagsan u yaqaannay cilmiga xiddigiska. La kulankiisii Andrzejewiski (macallin Guush) wuxuu ku soo kordhiyey afka Soomaaliga iyo fartiisaba hab baaritaaneed oo casri ah wax ku oolna ah. Wuxuu ka mid ahaa guddiyadii kala duwanaa ee loo magacaabay in ay baadigoob u galaan farta ugu habboon ee af Soomaaligu yeelanayo. Wuxuu ka mid ahaa dadkii bilowgii hore aadka ugu qanacsanaa in xuruufta carabiga lagu qoro far Soomaaliga, baaritaanno badan uu sameeyey ayuu ku caddeeyey sababta ay tahay in loo qaato. Wuxuu sheegay in Soomaalidu ay yihiin dad wada muslimiin ah diintoodana aad ugu dheggen, in badan oo ka mid ahna ay farriimahooda u adeegsadaan xuruufta carabiga. Qoraal dheer ee uu ugu magac daray "Arabic scrip for Somali" oo lagu daabacay majallad la magac baxday

SAWIR 11:
Muuse Xaaji Ismaaciil Galaal

QORISTII FARTA iyo FIDINTEEDII
Cabdiraxmaan Maxamed Abtidoon

Islamic Quarterly 1954kii ayuu ku sheegay sida loogu baahan yahay in af Soomaaligu uu yeesho far qoran. Wuxuu sheegay oo kale in Sayid Maxamed Cabdulle Xasan iyo Maxamed Cabdi Makaahil ay farta Carabiga ku qori jireen iyo weliba culimo badan oo carabiga iyo diinta baratay, wuxuuna ku soo bandhigay far ku salleysan Carabiga oo lagu qori karo af Soomaaliga. Fartaas oo uu ku kordhiyey xarfo cusub oo uu sameeyey, kuwaas oo dabooli kara baahida luuqada Soomaaliga ee shaqalada aan ku jirin farta Carabiga.

Muuse baaritaanno badan oo uu sameeyey wuxuu markii dambe ku qancay in xuruufta ugu habboon ee lagu qori karo farta Soomaaligu tahay farta laatiinka, wuxuuna noqday hormuudka u ololeynta fartaas. Wuxuu caan ka ahaa goolaha looga faalloodo loogana tashado qoraalka Soomaaliga, sidoo kale wuxuu caan ka haa xarumaha cilmi baarideed ee caalamka eek u hawlanaa qoraalka Soomaaliga.

Muuse Galaal hubaal wuxuu ka mid ahaa aabbayaashii farta Soomaaliga kuwii ugu cadcaddaa. Bishii disember 1980kii ayaa caafimaad dartii loogu qaaday dalka talyaaniga, hase yeeshee isagoon gaarin ayuu geeriyooday.

6. Shariif Saalax Maxamed Cali

Shariif Saalax Maxamed Cali oo ahaa guddoomiyaha guddigii af Soomaaliga intii u dhexeysay 1971 ilaa 1973kii wuxuu ku dhashay degmada Xuddur sannadkii 1936kii halkaasoo uu ku soo barbaaray waxbarashadiisii hore ku soo qaatay. Shariif Saalax wuxuu ahaa macallin, agaasime, danjire, wasiir, iyo guddoomiyihii ugu horreeyey ee Jaamacadda Ummadda Soomaaliyeed. Wuxuu macallinnimo uga soo shaqeeyey degmooyinka Diinsoor, Qoryooley, Ceeldheer, iyo Muqdisho. Wuxuu soo qabtay xilalka agaasimaha waaxda ganacsiga ee wasaaradda ganacsiga iyo warshadaha, agaase guud wasaaradda caafimaadka, wuxuu noqday guddoomiyihii guddigii af Soomaaliga, wasiirka wasaaradda hiddataclinta sare, maareeyaha warcaagga ee "INCAS", wuxuu ka mid ahaa xisbigii Hantiwadaagga Kacaanka Soomaaliyeed, danjire deggen dalalka Talyaaniga, Shiinaha iyo UK, sidoo kale danjire aan deggeneyn dalalka Giriigga, Roomaaniya, Jabbaan, Filibiin, Ustareeliya, Woqooyiga Kuuriya iyo Kamboodia. Shariif Saal-

SAWIR 12: *Shariif Saalax Maxamed Cali*

ax Maxamed Cali, Alle ha u naxariistee wuxuu ku geeriyooday Muqdisho 2014kii.

7. Aqoonyahannadii shisheeyaha ahaa

Cilmibaarayaashii shisheeye gaar ahaan kuwii reer galbeedku waxay aad u xiiseynayeen bilowgii horaba suugaanta iyo sheekooyinka Soomaaliyeed, sidoo kalana dhanka naxwaha ayey ku bilaabeen baaritaankoodii. Dadkii shisheeye ee isku dayey waxaa ka mid ahaa sarkaal ingiriis ahaa oo la oran jiray Dhamme J. S. King oo sannadkii 1887 soo jeediyey in Soomaaliga lagu qoro xuruufta carabiga isagoo markaa qoray far loogu yeeri jiray fartii King.

King's script	Somali transliteration	English translation
مَنَبَدْبَ	Ma nabad ba	Are you well?
آفكِي صومالِئيد كُهَدَل	Afkii Soomaaliyeed ku hadal	Speak in the Somali language
اِدِگَ وَلِي ارض الهندي مَثگْتِي	Adiga weli ard alhindiya (dhulka hiindiya) ma tegtay?	Have you ever been to India?

Qoraal uu ku daabacay majallad loogu yeeri jiray "Indian Antiquary – A Journal of Oriental Research" tirsigeedii 16aad ee soo baxay bishii agoosto 1887kii ayuu Dhamme J. S. King cinwaan uga dhigay "Somali as a Written Language" Soomaaliga oo noqda af qoran, Intii aysan Yurubtii galbeed qabsan iskuna ballaarin dhulweynaha Soomaalida waxaa soo baxay ilaa xadna baahay qoraal loo adeegsan jiray farta carabiga oo loo yaqaan "Far Wadaad" oo cumiladii diinta ay horseed ka haayeen, sidaa si la mid ahna dadkii xeebaha deggenaa ee ganacsatada ahaa qoorkood. Waxay ahayd far qoraal aan naxwe habaysan ku saleysnayn sidaa darteedna laga yaabee in ruux wuxuu qoro ay mid kale ku adkaato akhrinteeda iyo fahamkaba. Hase yeeshee culimadii iyo aqoonyahankii berigaa joogay dadaalkoodu wuu sii socday.

Isku daygaas hore oo dhan waxay la kulmeen caqabado gaar ahaan marka laga hadlayo dhanka xuruufta shaqalka oo leh saddex shaqal oo keliya "alif", "waaw" iyo "ya", halka Soomaaligu leeyahay shan (a, e, i, o, u) sidaa ayeyna ku adkaatay ku qoridda Soomaaliga ee xuruufta carabiga.

8. Lilias E. Armstrong

Lilias E. Armstrong ayaa ka mid ahayd aqoonbaarayaahsii ugu horreeyey ee horraantii sannadihii soddomaadkii qarnigii tagay London ka bilaabay baaritaan ku saabsan qoraalka higgaadda Soomaaliga iyo dhawaqyadooda iyadoo la soo shaqaysay Cismaan Dubbad iyo Xaaji Faarax oo labaduba ahaa reer Somaliland, markii dambana loo malaynayo in ay deggenaayeen bariga London. Dhammaadkii baaritaankooda waxay soo saareen maqaal dheer ay ugu magac dareen "The phonetic structure of Somali". Baaritaankoodu waxaa sal u ahaa kala saaridda iyo kala aqoonsimidka ah ama isku dhow waqa ah. Lilias Eveline Armstrong (29 September 1882 – 9 December 1937) waxay ka ahayd qeybta codjaamacadda University London, baaritaanwaxay u badnaayeen ahaan luuqadda ingiriisika sokow afafkii kale ee Afribaaritaanka ku sameysay waxna tay waxaa ka mid ahaa afka Kikuyu.

9. Bogumil Witalis Andrzejewski

Bogumil Witalis Andrzejewski (1922-1994) Soomaaliduna u taqaan "macallin Guush" wuxuu bare sare ka ahaa jaamacadda School of Oriental and African Studies ee London, halkaasuu ka dhigi jiray afafka Kushitiga. Wuxuu ka soo jeeday asalkiisu dalka Booland (Poland) dhalashada ingiriiskuuse haystay markii dambe, wuxuuna ahaa xeeldheere aqoon afeedka. Macallin Guush wuxuu saaxiib dhow la ahaa xeeldheerihii Soomaaliyeed Muuse Xaaji Ismaaciil Galaal oo ay ka wada shaqeyn jireen cilmibaarista afka iyo suugaanta Soomaalida. Labadoodaba waxaa soo jiitay baaritaannadii ay sameysay Lilias Armstrong oo ay sii kobciyeen, waxayna cilmibaaristoodii ku dayasho iyo meel ay ka ambaqaadaan u noqotay cilmibaarayaal badan oo Soomaali iyo shisheeyaba ah.

Sannadkii 1948kii ayaa Christopher Richard Vincent Bell oo markaa ahaa madaxa waxbarashada ee Somaliland wuxuu hawlgalyey mashruuc ingriisku ku doonayey in af Soomaaligu yeesho far qoran wuxuuna hawshaa madax uga dhigay J. R. Firth oo markaa ahaa madaxii qaybta afafka ee S.O.A.S, isna wuxuu baadigoobay laba cilmibaare oo hawshaa fuliya. Labada cilmibaare ee la baadigoobayey waxaa shuruud ahayd in midkood uu haysto shahaado jaamacadeed ee cilmi afeedka dheeraad ahna markaa la siiyo, cilmibaaraha labaadna waa inuu af Soomaaliga si

wanaagsan u yaqaan. Sidaa ayaa lagu xushay Andrzejewski iyo Muuse Galaal oo wada shaqeyntoodu halkaa ka bilaabatay.

Mar uu Georgi Kapchits wax ka weydiiyey xaaskii Andrzejewski siduu ku bilaabay barashada af Soomaaliga waxay ugu jawaabtay: " markuu Guush ka qalin jebiyey Oxford 1947kii uuna ka qaatay shahaaddada luqadda iyo suugaanta ingriisiga, wuxuu shaqo ka dalbaday in uu dibedda u aado macallinimo, wuxuuna shaqo ka helay British Somaliland. Ma ahayn shaqo macallinimo balse mid cilmibaaris afka Soomaaliga sidii loogu samayn lahaa far qoran, waxba kama aynaan aqoon dalkaas balse si kalgacal leh ayuu ku aqbalay shaqadaa. Saaxibbadii ugu horeeyey ee aan la kulanno waxay ahaayeen Anthony Mariano iyo Cali Sheekh Jirde oo markaa wax ka baranayey England, waxayna siiyeen (Guush) sida loogu dhawaaqo erayada Soomaaliga iyo dhaqanka. Waxaan tagnay Sheikh bishii febraayo 1950kii waxaana la kulannay Muuse Galaal oo macallin ahaa, wuxuu markiiba inoo noqday saaxiib iyo la taliye, wuxuuna ahaa mid ka mid ah sheeka-weriyaasha ugu wanaagsan caalamka. Inta aan ka naqaan dhaqanka Soomaalida oo idil isaga ayaa ina baray, markaa kadibna wuxuu yimid London uu ka qaatay shahaado cilmi-afeedka ah.

Sannadihii kontomeeyadii waxay ahaayeen kuwii ugu kululaa marka laga hadlayo baadigoobkii loogu jiray afka Soomaaligu in uu helo far qoran.

4
GUDDIYADII AF SOOMAALIGA

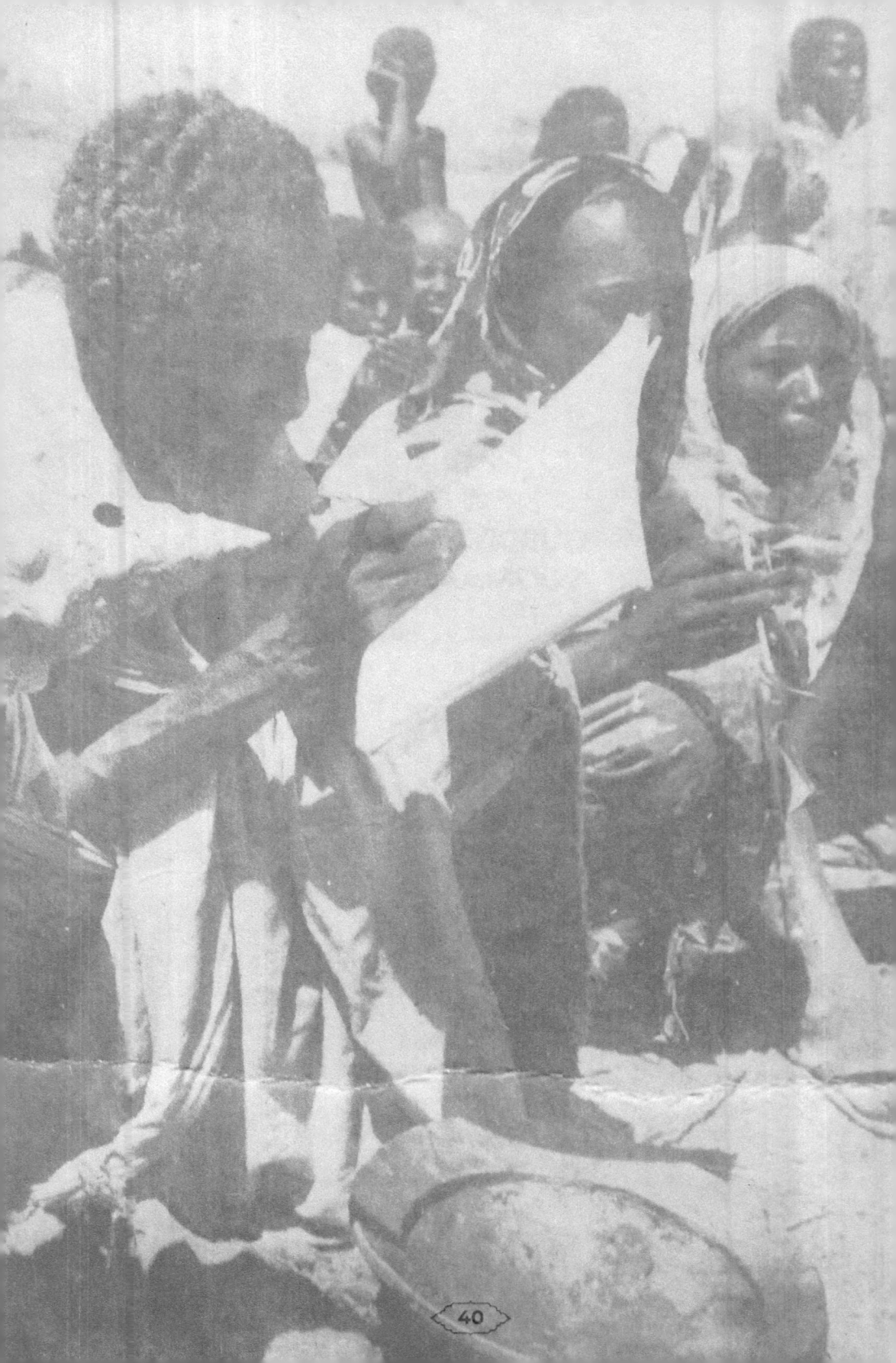

4

GUDDIYADII AF SOOMAALIGA

Sannadkii 1949kii waxaa la aasaasay guddi loogu yeeray "Goosanka Afka Soomaaliga" (GASS), wuxuu furay dugsiyo lagu barto qoraal-akhriska farta Cismaaniyada oo berigaa dad fara badan ay barteen dadkaasoo intooda badan wax ku qori jiray ama ku akhriyi jiray talyaani iyo carabi aysanna u fududeyn in ay si sahlan u bartaan fartaa Cismaaniyada maadaama ay ahayd far gooni ah oo far guro ahayd. Xilligaa oo ay jirtay dabayl madaxbanaani buuxda doon ayaa Goosanku wuxuu aad ugu dadaalay sidii a) dadku uga bixi lahaa jacliga, b) sidii farta Cismaaniyada oo markaa loo yaqaanay far Soomaali ay u hirgeli lahayd una fidi lahayd.

Xorriyaddii kadib waxaa jiray guddiyo loo saaray in ay ka soo tala bixiyaan farta ugu habboon ee la qaadanayo iyagoo ka eegaya kuna saleynaya taladooda xag farsamo iyo dhaqaalaba. Guddigii ugu horreeyey ee dawlad Soomaaliyeed magacowdo wuxuu ahaa kii 1960kii. Guddigaa waxaa magacaabay xukuumaddii uu wasiirka koowaad ka ahaa Mudane Cabdirashiid Cali Sharmaarke (AUN) oo talo ka dhageystay wasiirkii waxbarashada Mudane Cali Garaad Jaamac (AUN), guddiga waxaa la magacaabay bishii Oktoobar waxayna hawshoodii bilaabeen bishii xigtay ee Nofember isla sannadkaa 1960kii, guddigu wuxuu ka koobmay sagaal aqoonyahan oo kala ahaa:

1. Muuse Xaaji Isaaciil Galaal   Guddoomiye
2. Yasiin Cismaan Yusuf   Xubin

3. Moxamuud Saalax (Ladane)   Xubin
4. Dr. lbraahim Xaashi   Xubin
5. Khaliif Suudi   Xubin
6. Mustafa Sheekh Xasan   Xubin
7. Shire Jaamac Axmed   Xubin
8. Xuseen Sheekh Axmed (Kaddare) Xubin
9. Yuusuf Meygaag Samater   Xoghaye

Xubnaha guddigaas xulitaankooda waxaa lagu saleeyey iyadoo la eegayo:

b. Naadiyadii ku hawlanaa xal u raadinta farta.

t. Aqoonta ay u lahaayeen afka Soomaaliga.

j. Lahjadaha ay kala matalayeen.

x. Kooxihii iyo naadiyadii la kala safnaa farihii la soo bandhigay

Waxaan sinnaba loo eegin loona tixgelin in ay xubnaha guddigani isku reer ka soo jeedi karaan ama ay isku hay'ad ka wada tirsanaayeen iyo in kale, waxaa keliya lagu soo xulay waxay ahayd shuruudahaas aan kor ku soo sheegnay. Waxay ahaayeen shaqaale hay'ado kala duwan ka hawlgalayey, sidaa darteed shaqadii ay hayeen waxaa ku dheeri noqday midda masuuliyadda cusub ee la saaray. Caqabadihii ugu waaweynaa uguna horreeyey ee ay wajaheen waxaa ka mid ahaa xoghayihii guddiga Yuusuf Maygaag oo Hargeysa ku maqnaa iman karina waayey dhaqaale xumida miisaaniyadda dawladda oo wax kale iskaba daaye xoghayihii guddiga laga keeni kari waayey Hargeysa. Sidoo kale waxay caqabadi ka timid laba ka mid ah xubnihii guddiga ayaa hay'adihii ay u shaqeynayeen u baddalay magaalooyin ka baxsan caasimadda waxayna kala ahaayeen Maxamuud Saalax Ladane oo loo baddalay Boosaaso iyo Mustafa Sheekh Xasan oo loo baddalay Balcad guddoomiyana looga dhigay. Khaliif Suudi oo ka shaqeynayey wasaaradda shaqada iyo isgaarsiinta wuu haleeli waayey in uu ka soo qeyb galo kulamada guddiga inta badan, shaqada wasaaraddii uu ka shaqeynayey oo ku badatay awgeed. Ugu dambeyntii waxaa go'aan lagu gaaray in xubno cusub lagu soo daro guddiga kuwaa soo kala ahaa:

1-Maxamuud Jaamac
2-Cali Sheekh Cabdillaahi
3-Abuukar Sheekh Maxamed Foodcadde
4-Caddow Sheekh Cali.

Waxaa culeyska ugu weyn ka imanayey golihii wasiirrada oo aan guddigan ku darin miisaaniyadda dawladda sidaa darteedna gunnadii xubnaha guddiga lagula heshiiyey way iman weyday, sidoo kale dhisme ay ku shaqeeyaan ayeysan xitaa helin.

Warbixintii guddigu soo gudbiyey gebagebadii baaritaankooda waxay ku sheegeen in ay kala xulashada xuruufta tixgeliyeen dhinacyada carsamada. Dhaqaalaha iyo horumarka. Qoraal dheer ay soo gudbiyeen ayey ku sheegeen in far la qaato aysan waxba ka baddaleyn caqiidada qofka. Beryahaas waxaa socday dabayl kacdoon ah oo looga soo horjeedo far walba oo aan carabi ahayn weliba si gaar ah farta laatiinka.

Hawsha guddigu intii ay socotay waxaa hareer socday dhaliilo fara badan sida tirada, kartida iyo aqoontooda. Dacaayadaha meelaha lagu qaxweeyo ka socday waxaa ka mid ahaa in guddigu iska soo horjeedo oo ay kala taageersan yihiin farihii sharraxnaa; laba waxay taageerayeen farta Cismaaniya, laba laatiin, laba carabiga, laba kalana farihii kale. Kala caacsanaanta farihii la soo bandhigay dhaliil ma noqon karto bay ila tahay aysan hal meel uun wax ka wada arkeynin oo ay kala aragti duwanaan karaan.

Macallin Guush iyo Guddigii Af-Soomaaliga ee la magacaabay sanadkii 1960 oo ay ka mid yihiin:
Muuse Xaaji Ismaaciil Galaal, Xuseen Sheekh Axmed Kadare, iyo Yaasiin Cismaan Keenadiid.

Sannadkii 1961 dii waxaa la soo hor bandhigey Guddiga Luuqadaha (Linguistic Commission) 18 nooc oo Af Soomaaliga loo qori karo (scripts). 11 farahaas ka mid ah waxay ka mid ahaayeen faro cusub oo ay aqoonyahano Soomaaliyeed allifeen. Toddobada soo hartayna 4 ka mid ahi waxay adeegsadeen farta Carabiga, halka ay 3 da kale ku salleysnaayeen qoraalka Laatiinka.

Guddigii afka si uu u kala saaro farahaas wuxuu markii horaba hawshiisii ku bilaabay in la qoro shuruudo loo baahan yahay in farta tartameysa ay soo buuxiso. Shuruudahaas waxay ahaayeen toddobo iyo toban oo kala ahaa:

1. Waa in ay xuruufta cod leedahay
2. Waa in qoraalka xuruufteedu sahlan tahay
3. Waa in ay lahayn calaamado gaar ah oo codka kala saara
4. Waa in aanay lahayn calaamado hal wax ka badan loo isticmaalo
5. Waa in aanay lahayn laba ama calaamado ka badan oo cododka keliya kala saara
6. Waa in aanay lahayn calaamado laftoodu cod u taagan ama leh
7. Waa in ay leedahay qalabka wax lagu daabaco oo hadda waddanka laga helo karo
8. Waa in ay nidaamka calaamadaha caalamiga ah waafaqsan tahay
9. Waa in ay habeysan tahay
10. Waa in ay hab xuruufeed ku saleysan tahay
11. Waa in dhaqaale ahaan loo awoodi karo
12. Waa in far la isku dardari karo lagu qori karo
13. Waa in ay jirin wax la mid ah
14. Waa in lagu qori karaa dhammaan lahjadaha af Soomaaliga
15. Waa in aanay adkayn in dib u habeyn lagu sameeyo
16. Waa in dugsiyada lagu dhigo
17. Waa in ay xuruufteedu leedahay cod joogta ah oo loo yaqaan

Si kasta oo loogu kuur galay in laga eego dhan farsamo iyo dhaqaalaba, haddana waa lagu dhici waayey in la isku raaco mid ka mid ah farahaas dadka oo ku kala qeybsanaa awgeed. Tusaale ahaan iyadoo intii uu isticmaarku joogay ay Waaxda Waxbarashada ee maxmiyada Ingiriiska ee ka jirtey gobolada waqooyi isku dayday inay hirgeliso qoraal farta Soomaaliga ah oo ku salleysan xuruufta Laatiinka. Waxa ay taasi dhalisey in kacdoon ballaadhani uu ka dhaco magaalada Burco. Halkaas oo dhagax lagu dili gaadhey labadii sarkaal oo ka tirsanaa Waaxda Waxbarashadda.

Dadkuna waxayku dhawaaqayeen erayada ah "Laatiin waa La' Diin", taas oo macnaheedu yahay "Laatiin waa diin la'aan." Waxaa dagaalo aad u kulul iskaga hor yimid shacab weynihii mudaharaadka dhigayey iyo ciidamadii booliiska ama amniga, taas oo dhalisay in dib looga noqdo mashruucaas isaga ah.[2]

1. Guddigii Luuqada ee 1965

Warbixintii Guddiga ee 1961kii waxay aasaas iyo gogoldhig u noqotay iyo meel laga tixraaco dadaalladii si go'aan kama dambays ah looga gaaro helidda far la isku wada raacsanyahay. Warbixintu waxay saldhig u noqotay warbixintii 1966dii ee ay soo saareen Andrzejewski, Strelcyn iyo Tubiana oo ay ha'ayada UNESCO maamuleysay. (The 1965 Linguistic Commission)

Guddigii af Soomaaliga ee ay dawladdii dib-u-dhistay 1965 waxay farihii ay kala saarayeen ku soo koobeen ilaa toddoba far oo kala ahaa farihii ay Soomaalidu allifeen iyo kuwii carabiga ito laatiinka kala ahaa.

Waxaa sii kordhayey kala qeybsanaantii dadka ee ku aaddanayd farahaas. Ololc xooggan oo ay qaadeen dadkii taageersanaa fartii carabiga iyo cismaaniyada ayaa dalkoo dhan ka jiray gaar ahaan magaalooyinkii waaweynaa ee Hargeysa iyo Xamar. Arrintu waxay sii qaraaraatay markii ay xeeldheerayaashii ka socday Qaramada Midoobey hayadeeda UNESCO ee kala ahaa B.W. Andrzejewski, S. Strelcyn iyo J. Tubiana ay magaalada Xamar soo gaareen Maarso, 1965, waxaa lagala hor yimid mudaharaadyo waaweyn iyadoo la tuhmayey in ay ku talin doonaan in la qaato farta laatiinka.

Markii warkii ahaa in laatiin la qaadanayo fiday waxaa abuurmay guux iyo abaabul weyn oo looga soo horjeeday, waxaana soo baxay halku dhegga ah "Laatiin waa laa diin" oo ah laatiinka waa diin la'aan ay gaaladu wadato. Dawladdii waxaa galay qalqal weyn, iyadoo weliba wasaaraddii waxbarashada ay ku dhawaaqday in waxbarashada dalku noqoneyso ingiriisi. Maalin walba maalinta ka dambeysa waxaa imanayey mucaardad ay hoggaaminayaa culimadii diinta oo doonayey farta la qaadanayo in ay noqoto carabi.

---

2 Haybe, Axmed (Axmed Dawlo). *"Taariikhda Qoraalka Far Soomaaliga."* Doollo, www.doollo.com/mainpage/Axmed/dawlo.htm. Accessed 24 Apr. 2025.

Madaxweynihii jamhuuriyadda mudane Aden Cabdulle ayaa ka codsaday xukuumaddii in arrintan dib loo dhigo, dawladda oo curdun ahna aysan qaadi karin mawjadahaas kacdoonka ah ee bilowday. Sidaa waxaa hakad ku galay doorashada farta la qaadanayo, waxaana halkeedii ka sii socday kala qeybsanaantii.

Horraantii 1966kii ayaa ra'iisulwasaarihii markaa mudane Cabdirisaaq Xaaji Xuseen codsi u diray laanta Qaramada Midoobay u qaabilsan dhaqanka iyo waxbarashada ee UNESCO isagoo ka dalbanayey in ay u soo dirto xeeldheerayaal cilmi afeedka, kuwaasoo dalka soo gaaray bishii maarso, waxaa raggaa horkacayey Prof B W Andrzejewski, S. Strelcyn iyo J, waxay hawshoodu ahayd in ay ka tala bixiyaan toddoba farood oo miiska saarnaa; laba farood oo ay dad Soomaali ah alifeen, saddex nooc oo laatiin ah iyo laba hab qoraal oo carabi ah. Waxaa markiiba lagaga hortagay bannaan baxyo aad loo soo abaabulay oo ay horkacayaan taageerayaashii faraha carabiga iyo tii Cismaaniyada.

Guddigii farsamo warbixintiisii uu soo gudbiyey 14kii maarso 1966kii kuma uusan xusin farta la qaadanayo, isagoo sheegay taa in ay u taal Soomaalida, balse waxay ka eegeen dhanka farsamada isbarbar dhigaya mid waliba waxa ay ku mudan tahay iyo cilladda ay yeelaneyso. Inkastoo guddi farsamo oo xeeldheerayaal ah ay yimaadeen talooyina ay bixiyeen haddana dawladii mudane Cabdirisaaq iyo tii ka dambeysay ee mudane Cigaal kuma aysan dhiirran in ay go'aan ka gaaraan sidii xukuumaddii iyaga ka horraysay ee Cabdirashiidba ugu dhiirran weysay oo intaba waxay ka baqayeen in baarlamanka oo arrinkaa ku kala qeybsanaa aysan ansixin doonin sidoo kalena dadweynihii ay kala kulmi doonaan bannaanbaxyo rabshado wata.

Qoraal dheer oo ay saddexdii xeeldheere ee ay Qaramada Midoobay u soo dirtay in ay Soomaaliya kala taliyaan farta la qaadanayo oo kala ahaa E.W. Andrzejewski,

S. Strelcyn iyo J. Tubiano ku saxeexnaayeen ayey talooyinka soo socda ku soo gudbiyeen;

"Marka ay Dowladda Soomaaliya go'aansato qoraalka ay qaadaneyso, waxaa lagama maarmaan noqon doona tallaabooyin wax ku ool ah oo lagu hirgelinayo go'aankooda iyadoon dib u dhac aan loo baahnayn.

Koorasyo tababar ee macallimiinta waa in la abaabulaa oo buugaagta fasallo kala duwan loo diyaariyaa dugsiyada. Waxaan si gaar ah ugu talin ahayn diyaarinta filim gaaban kaas oo ka caawini doona ardayda inay isku xiraan dhawaaqa afka iyo xarfaha loo isticmaalo qoraalka farta.

Isticmaalka barnaamijyo gaar ah ee raadiyaha, oo ay la socoto buug leh sawirro, ayaa sidoo kale laga yaabaa inay caawiso macallimiinta iyo shakhsiyaadka raba inay bartaan qoraalka ama daraasad gaar ah ku sameyaan.

Waxa aad muhiim u ah in la tixgeliyo dhammaan tacabkii iyo kartidii hore loogu dabaqay buugaagta ku qoran af-soomaaliga iyo in dib loogu daabaco hab-qoraalka cusub ee qaranka. Tarjumaada tixraacyada naxwaha iyo erayada af Soomaaliga waa in la raaco.

Waa in la sameeyaa guddi joogto ah oo afka ah oo loo xilsaaro soo saarista qaamuuska hal-aflaha ah, ka dibna qaamuusyada labada luuqadood ee Carabiga, Ingiriisiga, Talyaaniga, Ruushka, iwm.

Waa in sida ugu dhaqsaha badan loo bilaabo wargays ku soo baxo af Soomaaliga marka go'aanka farta la qaato. Waa in la daabacaa buugaag xilliyo ah iyo kuwo raqiis ah oo daabacan, maadaama ay lagama maarmaan tahay in si joogto ah wax loo akhriyo si loo ilaaliyo aqoonta dalka. Isku xiranaanshahaa hodantinimada suugaanta af-Soomaaligu waxay noqon lahayd mid qiimo degdeg ah leh."

B.W. Andrzejewski
S. Strelcyn
J. Tubiano

Hawshii cuslayd ee halganka dheer loo soo galay waxay soo gebagebowday 21kii oktoobar 1972kii, markaasoo dawladdii xilligaa ay go'aamisay in farta laatiinka loo qaato qoraalka Soomaaliga. Laatiinka la qaatay ma lahayn calaamado gaar ah iyo xuruuf aan ku jirin kuwa laatiinka, taasoo fududeysay in si sahal ah loo akhrin karo. Xeerarka qoraalka Soomaaliga ayaa waxaa ka mid ah "waxa qoran akhri, waxaan qornayn ha akhrin", iyadoo aan ognahay in ay jiraan afaf badan oo leh xuruuf aan lagu dhawaaqin. Fududaanta qoraalka farta Soomaaliga waxaa laga garan karaa in markii lagu dhawaaqayba sidii sahlanayd ee dadku ula qabsaday. Xuruufta uu akhriyuhu u baahan yahay in uu barto ayaa ahayd oo keliya "c" iyo "x" sida loogu dhawaaqo, fartan cusubi waxay la jaanqaadeysay habka caalamiga ah ee loo yaqaan "International Phonetic Alphabet" (IPA). Xuruufta laatiinka ayaa ahayd kuwa loo adeegsanayey faro dhowr ah oo Afrikaan ah intii u dhexaysay dhammaadkii qarnigii sagaal iyo tobanaad ilaa bilowgii qarnigii labaatanaad.

2. Guddigii af Soomaaliga ee 1971kii

Guddigii af Soomaaliga

Markii ay ciidamadu la wareegeen taladii dalka 21 Oktoobar 1969kii waxay soo saareen waxa ay ugu magac dareen Xaashidii Koowaad taasoo ka koobnayd toddoba qodob oo arrimaha gudaha ah iyo lix dibedda ah, kuwaa ku saabsanaa gudaha qodobka afraad wuxuu u qornaa sidan: "*Waa in si degdeg ah wax looga qabto soo saaridda far lagu qoro af Soomaaliga.*" 20kii jannaayo 1970kii Golihii sare ee Kacaanka ayaa u xilsaaray xoghayihii wasaaradda waxbarashada Gaashaanle Cabdirisaaq Maxamuud Abuukar in uu soo magacaabo Guddiga Af Soomaaliga. Xoghaye Cabdirisaaq wuxuu soo magaabay saddex iyo labaatan xubnood oo ka mid ahaa kuwii ugu cadcaddaa ama aqoon durugsan u lahaa hawshaa culus ee loo xilsaaray.

QORISTII FARTA iyo FIDINTEEDII
Cabdiraxmaan Maxamed Abtidoon

21 OCTOBER 1969:
A BLOODLESS REVOLUTION

1st ANNOUNCEMENT
SRC ACT ON BEHALF OF THE PEOPLE

Knowing: the sacred right of the people and solemnly understanding the charter of the United Nations and the charter of the Organization of the African Unity; Determined: to collaborate with all the people of the world for the aspiration of liberty, social justice and world peace and particularly with peace loving peoples; Strongly: decided to consolidate and preserve the independence of the Somali nation for the welfare and interest of the Somali people and to create a society founded on the principle of popular sovereignty, equality and justice and the right of the Somali citizens, without distinction, for better social life.

DECLARATION

A: INTERNAL POLICY

1. – To constitute a Society based on the right of work and on principle of social justice considering the environments and social life of the Somali people;
2. – To prepare and orientate the development of economic, social and cultural programme to reach a rapid progress of the country;
3. – Liquidation of illiteracy and to develop an enlightened patrimonial and cultural heritage of the Somali people;
4. – *To constitute, with appropriate and adequate measures the basic development of the writing of the Somali language;*
5. – Liquidation of all kinds of corruption, all forms of anarchy, the malicious system of tribalism in every form and every other phenomena of bad customs in State activities;
6. – To abolish all Political parties, and
7. – To conduct at appropriate time free and impartial election.

B: EXTERNAL POLICY

1. – Support for international solidarity and national liberation movements;
2. – Oppose and fight against all forms of colonialism and neo-colonialism;
3. – To struggle to maintain the Somali National Unity;
4. – To recognize strongly the principle of Peaceful Coexistence between all peoples;
5. – To continue and preserve the policy of positive neutrality; and
6. – To respect and recognise all legal international commitments undertaken by the Somali Republic.

Guddigii af Soomaaliga ee la magacaabay 1971kii waxaa madax ka ahaa Danjire Shariif Saalax Maxamed Cali (1936 – 2014), xubnihii guddigu waxay kala ahaayeen:

1-Shariif Saalax Maxamed Cali	guddoomiye
2-Muuse Xaaji Ismaaciil Galaal	xubin
3-Yaasiin Cismaan Keenidiid	xubin
4-Sh. Ibraahim Xaashi Maxamuud	xubin
5-Cabdiraxmaan Nuur Xirsi	xubin
6-Aw Jaamac Cumar Ciise	xubin

7-Mustafe Sh. Xasan Cilmi   xubin
8-Maxamed Sh. Xuseen "Sheeka-xariir"   xubin
9-Xuseen Sh. Axmed "Kaddare"   xubin
10-Cabdullaahi Xaaji Maxamuud "Insaaniya"   xubin
11-Xirsi Magan Ciise   xubin
12-Axmed Cartan Xaange   xubin
13-Iikar Baana Xaddaad   xubin
14-Cabdullaahi Ardeeye   xubin
15-Cabdi Daahir Afey   xubin
16-Maxamed Xasan Aaden "Gahayr"   xubin
17-Dr. Yuusuf Xirsi Axmed   xubin
18-Dahabo Faarax Xasan   xubin
19-Cabdullaahi Xaaji Abuubakar   xubin
20-Maxamed Nuur Caalin   xubin
21-Maxamed Shire Maxamed   xubin
22-Axmed Cali Abokor   xubin
23-Cumar Aw Nuux   xubin

Kadib waxaa hawlo kale loo magacaabay Cabdiraxmaan Nuur Xirsi yo Mustafe Sh. Xasan oo hawlo kale dartood ka mid ahaashihii guddiga uga baxay, waxaana ku soo haray 21 xubnood. Hawlihii ay u xilsaarnaayeen waxaa ka mid ahaa in uu guddigu:

1- Dejiyo buugaagta dugsiyada hoose
2- Dejiyo buug naxwe af Soomaali ah
3- Dejiyo buug qaamuus Soomaali-Soomaali ah.

Guddigaa af Soomaaliga ee xilligaa waxaa ka hoos farcamay guddiyo hoosaadyo si hawshu u fududaato, waxayna hawshoodu u kala qeybsanayd; qaamuuska, naxwaha, taariikhda iyo juqraafiga, sayniska iyo buugta dugsiyada hoose.

Aqoonta cilmi-afeedka ay lahaayeen guddiyadaa aad bay u xaddidnayd, balse waaya-aragnimo iyo hawlkarnimo ayey shaqadoodii ku gudanayeen, sida uu Shariif Saalax buuggiisa "*Halgankii loo galay qoridda af Soomaaliga 1949-1972*" ku sheegayna hawshu inta badan waxay ahayd mid aan taageero haysan oo kacaa kuf joogta ah lahayd.

Guddigii qaamuuska oo Shariif Saalax uu ka tirsanaa ayna ka mid ahaayeen Yaasiin Cismaan Keenadiid iyo Xuseen Axmed Kaddare. Inkastoo ay dadaal fara badan geliyeen hawl fiicanna ay qabteen, haddana uma aysan suurta gelin in ay ku soo afjaraan sagaalkii bilood ee ay shaqeynayeen. Sannadkii 1974kii waxaa loo xilsaaray in uu hawshaa soo dhameystiro Cabdulqaadir Faarax Bootaan oo ka tirsanaa Akademiyada Cilmiga Fanka iyo Suugaanta.

Guddiga af Soomaaliga oo soo shaqeynayey laga bilaabo bishii jannaayo 1971kii ayaa sagaalkii bilood ee loo qabtay kadib waxay u gudbiyeen waxqabadkoodii Golihii Sare ee Kacaanka ee talada dalka hayey. Hoggaankii Kacaanka shirar iyo la tashiyo badan ayey galeen markaa kadib. Waxay isugu yeereen dadkii qoray farihii markaa ugu cadcaddaa sida Latiinka, Carabiga, Cismaaniya, Kaddariya iyo farta Boorame, far waliba waxaa loo yeeray markiisa ruux u hadla sheegana sababta ay u tahay in la qaato fartaa, weyddiin kale oo waxaa jirtay ahayd haddii farta aad wadato la qaadan waayo fartee kale ayaad ku tali lahayd. Dadkii farahaa difaacayey waxaa ka mid ahaa Shire Jaamac oo farta latiinka u doodayey, Ibraahim Xaashi Maxamuud oo carabiga difaacayey, Xirsi Magan oo Cismaaniyada difaacayey iyo Xuseen Sh. Axmed Kaddare oo fartiisa Kaddariya u ololeynayey. Aqoonyahannadaas Soomaaliyeed mid walba oo ka mid ah markii la weydiiyey haddii fartiisa la qaadan waayo farta uu ku talin lahaa waxay u bateen latiinka.

Golihii sare wuxuu bishii oktoobar 1972kii soo saaray ammar ah in la qaadanayo farta latiinka ah sidaana waxaa ku soo af jarmay dooddii sannadaha badnaa qaadatay. Muddo gaaban ayuu qoraalkii cusbaa ee fartu ku fidey Jamhuuriyadda Dimoqoraadiga ee Soomaaliya iyo dhulalka kale ee af Soomaaliga lagaga hadlo ee ay ka mid yihiin Soomaali Galbeed, Jamhuuriyada Jabuuti iyo Gobolada Waqooyi-bari ee Kenya (NFD). Waxyaabaha fartanu ay sida dakhsaha ah ugu baahdey waxaa loo nisbeyn karaa sida sahalka ah ee loo baran karo, ololihii horumarinta reer miyiga, Soomaaliyeyntii waxbarashadda iyo maamulka iyo weliba kaalintii qalabka warbaahinta.

Guddigii af Soomaaligu wuxuu ku taliyey sida loogu dhawaaqayo xarfaha

Guddigii af Soomaaliga waxaa horyaallay in ay go'aan ka gaarayaan sida loogu dhawaaqayo xarfaha far Soomaaliga, bilowgiiba waxaa la soo jeediyey in shaqallada loogu dhawaaqo sida talyaaniga, halka shibbanayaashu dhawaqoodu noqdo sida carabiga oo kale. Waxaa sidaa loogu kala baddalay oo shaqalladana carabi looga dhigi waayey iyadoo xuruufta carabiga iyo kuwa Soomaaliga ay shaqalladoodu kala badan rihiin oo Soomaaligu badan yahay. In sida carabiga loogu dhawaaqo waxay guddigu u qaateen oo ay ku sababeeyeen maadaama Soomaalidu awalba sidaa u taqaannay oo marka Quraanka la baranayo loogu dhawaaqo (Jiim, deel, siin, shin, cayn, qaaf, kaaf laam iyo wixii la mid ah, markaa kuma adkaan doonto akhriska qoraalka Soomaaliga haddii sidaa lagu dhawaaqo oo aan loogu dhawaaqin ja, Da, Sa, Sha, Ca, iyo wixii la mid ah., sidoo kale in la isugu xijiyo qoraalka sida carabiga oo kale. Dadka baranaya afka Soomaaliga iyo qoraalkiisa waxay is weydiin karaan alif-ba'da faraha adduunka inta badan waxay ka bilowdaan "A" xitaa carabiga oo ka bilowda "Alif", sababta Soomaaligu uga bilowdo "B" maxay tahay?

Sida aan soo sheegnay isku xijinta iyo sida loogu dhawaaqo alif-ba'da soomaaliga waxaa laga soo qaatay carabiga balse xuruufta alif ba'da Soomaaliga waxaa loo kala saaraa shibbane iyo shaqal oo dhammaantood la iskuma daro, sidaa darted shibbanayaasha oo la soo hormariyo ayaa ka bilaabanaya "B".

Maqaal ku soo baxay wargeyskii ka soo bixi jiray Muqdisho ee Corriere della Somalia 12kii luuliyo 1955kii ayaa wuxuu u qornaa sidan:

"Toddobaadkii tagay waxaa Muqdisho ku kulmay masuuliyiin ka socota agaasinka waxbarashada Somaliland iyo saraakiil ka socota xafiiska waxbarashada AFIS. Ujeeddada kulanka waxay ahayd in la darso lagana gaaro aragti midaysan sidii af Soomaaligu u heli lahaa xuruuf lagu qoro. Somaliland waxaa ka socday Mr. Sykes Thomas, madaxa agaasinka waxbarashada iyo Mudane Muuse Galaal oo khabiir ku ah af Soomaaliga, isagoo joogitaankiisii dheeraa ee dalka ingiriiska uu awood u siiyey in uu ku takhasuso aqoonta codadka iyo afafka. Dhinaca AFIS waxaa kulankaa ka qayb galay madaxa xafiiska waxbarashada Dr. Puccioni, kormeeraha waxbarashada dugsiyada sare prof. Baglioni, agaasimaha waxbarashada dugsiyada hoose Prof. Raffaele Joppi, mudane Axmed SH. Xasan, mudane Cali Xuseen Gurrac, mudane Cabdullaahi Xaaji Maxamuud (Insaaniya), oo saddexdoodaba ay khibrad u lahaayeen af Soomaaliga.

Ujeeddada kulanku waxay ahayd sidii af Soomaaliga loogu dejin lahaa xuruuftii lagu qori lahaa, iyadoo la tixgelinayo tijaabooyinkii hore loo diyaariyey oo dhan, loona eegayo xagga waxtarkooda iyo fudeedka fulintooda. Fadhiyadii la qaatay oo dhan waxay ku dhaceen jawi wanaagsan iyo wada shaqayn dhowr maalmood socday. Waxay masuuliyiintii dhammaantood ay sheegeen in in ay rajeynayaan in isafgardkii laga gaaray arrimaha afka ay u faa'idayn doonaan Soomaalida, sahli doonaanna qoridda afkooda.

Isla fadhigaa waxaa lagu go'aamiyey in la dhiso guddi joogto ah ee af Soomaaliga, xubnihiisuna ay ka koobnaan doonaan labada dhinac, magaciisuna noqon doono Kulanka Afka Soomaaliyeed (K.A.S.)."³

Qoraal dheer uu Xeeldheere Muuse Galaal u qoray guddigii ay hayadda waxbarashada iyo dhaqanka u qaabilsan Qaramada Midoobay UNESCO 13kii maarso 1966kii kaga warramay xaaladda dalku marayey, baahida loo qabay far qoran iyo in nooca farta lagu kala qaybsan yahay. Ugu horayntii Muuse wuxuu u mahadnaqay guddigii kuna amaanay shaqadii ay hayeen isagoo u sheegay in ay baal ifaya ka gali doonaan taariikhda qoraalka af Soomaaliga. Wuxuu u sheegay in ay la kulmi doonaan dad wata fikrado iska soo hor jeeda iyo weliba kuwa doonaya gebi ahaanba inaan af Soomaaliga la qorin, wixii arrimahaa iska soo horjeeda laga yeeli lahaa masuuliyaddeeda ay guddigan wax ku leeyihiin.

Muuse Galaal wuxuu qoraalkaas dheeraa ku yiri: "Waxaa ila quman inaan guddiga ka codsado in afkaarta aan ku soo bandhigay dhambaalkan tixgelin gaar ah laygu siiyo, asbaabta soo socota awgood:

1. Arrimaha qoraalka af Soomaaliga iyo daraasaadka la xiriira waxaan ku hawlanaa muddo haatan laga joogo 15 sano.
2. Waxaan ahay baaraha Soomaaliyeed ee qura ee hawlaha soo socda aqoon gaar ah u yeeshay; b) Taarwale, t) Macallin dugsiyada hoose iyo kuwa dadka waaweyn, j) Culuunta luqadaha, x) Shorthand, kh) Weriyenimo. Waxaan qabaa in dhambaalka aan idiin soo gudbiyey aad weliba si gaar ahu tixgelisaan arrimaha soo socda:
A) Marka laga talabixinayo qoraalka af Soomaaliga, waxay iigu muuqataa in tixgelin gaar ah la siiyo si farta loogu adeegsan lahaa arrimaha halkan ku taxan: b) Taar diridda, t) Xisaabta, j) Shorthand iyo x) Habka daabacaadda.
B) Waxaan qabaa inayan jirin wax ka caaqiba xumaan kara in la Rasmiyeeyo hab qoraal loo dejiyo Af Soomaaliga, kadibna lagu baaarugo inuusan soconayn, waqtiga iyo goobtana laga lumiyey hab qoraal kale oo shaqayn lahaa. Inta aan go'aan la qaadan waxay ila tahay in si aad ah laysaga jiro in khalad lagu dhaco. Intaan

---

3 Cali, Shariif Saalax Maxamed. *Halgankii Loo Galay Qoridda Af Soomaaliga 1949-1972.* (Muqdishu, Soomaaliya: Daabicid Shakhsiyeed, Taariikh la'aan), b.118

hawshan ku jiray waxaan iska ilaalin jiray in aan dhabbe khalad ah qaado.
3. Mar hadday ujeeddada ugu weyni ee fartan loo dejinayo ay tahay waxbarasho, waxaan laga fursanayn inaan maanka ku hayno wiilka yare e dhiganaya fasallada hoose ee dugsiyada.
4. Al-Ahraam oo ka mid ah wargaysyada Masar kuwa ugu waawayn, waxay maalin walba bog buuxa ku daabacdaa qoraalka af Soomaaliga oo far carbeed ah, ay jariiddadu dicaayado uga danleedahay sidii loo qaadan lahaa fartaa. Arrintaas waxay caddaynaysaa hubaal la'aanta ka jirta dalalka carbeed in hab qoraalladoodu mustaqbalka isbeddeli karaan.
5. In kastoo aan aad u fahmayo qiirada waddaniyadeed oo la socota hiillada far-guriyeedyo Soomaali ah, haddana waxay iigu muuqataa in maanka lagu hayo, si daacad ahna loo xukumo suurtagalnimada qoridda farahaa, dardaaranka guddiguna uu tixgeliyo arrimahaa aan tilmaamay. Ma qabo in faraha haatan la soo jeediyey oo labaatanka gaaraya ay leeyihiin macquulnimo lagu dhaqan geliyo iyo waxtar cilmiyeed oo la daneeyo toona. Marna iima muuqato sabab Soomaaliya ku qaadato xuruuf aan la dhaqan gelin karin, iyadoo la arkayo dhibaatooyinka ka jira faraha duugoobay cilmigana ku fadhinin sida midda Shiinaha iyo tan Xabashida.
6. Doorashadeena farta habboon ee la rasmiyeyn karo waa in ay ka soo maaxdaa fikrad kacaameed, haddii la waayo ruuxaa kacaameed waxaan ku sugnaan doonnaa dib u dhac aynu kaga harayno ummadaha samada gaaray.

Ujeeddada warbixintan waa sidii lagu dejin lahaa hab qoraalkii loo rasmiyeyn lahaa af Soomaaliga, si dhib yar. Wuxuu habkan ku dhisan yahay naqshad fareed caqligal ah oo dadka soo jiidan karta, raacsan nadaamka calaamadaha codadka (phonetics). Habkan wuxuu ku jaangoosan yahay farta laatiinka uu dib u habeeyey guddigii afka xukuumaddu ay magacawday 1961kii. Guddigaas oo sida laga warqabo loo xilsaaro inuu baaro arrimaha afka, kana soo warbixiyo, natiijada uu gaarayna ay tahay weli midda qura ee suurtagalka ah layskuna hallayn karo, loona baahan yahay in si degdeg ah loo rasmiyeeyo.

Rasmiyeynta af Soomaaliga waa in aan loo arag arrin khatar ku ah gudashada awaamiirta Islaamka. Aragtida sheegaysa khatarta xagga diinta waa mid maskaxdu diidayso. Barashada mabaadiida Islaamka iyo af Carabiga ee dalkan waa arrin aan beddel loo heli karin, weligeedba Islaamku wuxuu inoo ahaa diinteenna dhowrsan, af carabigu waa afka abaad ee dugsiyadeenna.

Hayeeshee af Soomaaligu waa inuu gala gegida uu xaqa u leeyahay ee waxbarashada dugsiyada. Waa in lagu dhigaa dugsiyada hoose iyo far baridda dadweynaha. Haddaan si kale u iraahdo waa inuu garab socdo af carabiga heerka tacliinta hoose. Diididda wada socodka labada luqadood waa in loo arkaa arrin aan suurtagal ahayn iyo dafiraad quursi wehliyo oo oo gaysanayo hiddeheenna iyo dhaqankeenna muunadda leh, gaar ahaan summaddeenna qaranimo.

Waqtigan la joogo af Soomaaliga waa lagu hadlaa lamase qoro haddaan ka reebo qayb yar oo aan miisaan wayn lahayn, iyadana lagu kala fikrado duwan yahay.

Dhanka madaxdii dalka waxay iyaguna culays saarayeen sidii uu afkan u heli lahaa far qoran, inkastoo ay kala kulmayeen ururro, naadiyo iyo dad taabacsanba kala jiidasho iyo u xaglin dhinac ka mid ah dhinacyadii kala taabacsanaa farihii la soo bandhigayey.

Madaxweynihii ugu horreeyey ee dalku yeesho mudane Aaden Cabdulle Cismaan wuxuu ka mid ahaa siyaaiyiintii horseedka ka ahaa u ololeynta in af Soomaaliga la qoro. Waxaa lagu tiriyaa dadkii raacsanaa in lagu qoro farta laatiinka, hase yeeshee laba xukuumad iyo laba guddi oo af Soomaaliga u qaabilsanaa, wuxuu xukuumaddii iyo baarlamankiiba ka codsaday in la hakiyo go'aan ka gaaridda nooca farta la qaadanayo maadaama doodo abuuri kara dibad baxyo iyo iska hor-imaadyo. Madaxweyne Aden Cabdulle wuxuu yiri "Dowladdeenna oo curdin ah ma xamili karto culaysyadaa ee laga yaabo in aan xakamayn wayno, marka bal ha la hakiyo". Lama joojinin ee waa la hakiyey go'aan ka qaadashada nooca xuruufta la qaadanayo.

Ra'iisulwasaarihii dawladdii ismaamulka gudaha ee Soomaalidii koofureed ee Qaramada Midoobay ay madaxbanaanida gaarsiinaysay mudane Cabdullaahi Ciise Maxamuud kana mid ahaa masuuliyiinta ugu sarreysay dhaqdhaqaaqii xorriyad doonka ahaa ee S.Y.L. qoraal dheer oo dhinacya badan taabanaya uu diray xubnihii sare ee ururka kuna taariikhaysanayd 13/06/1949 cinwaanna uu uga dhigay "Appello ai

Somali" (Farriin ku socota Soomaalida) wuxuu kaga warramayey baahida loo qabay in afkayagu helo far qoran. Mudane Cabdullaahi Ciise wixii xaashidaa ku yiri: Qiyaastii afar bilood ayaa laga joogaa markaan xaashi idinkaga soo diray Manchester (dalka Ingriiska), waxaan doonayey in aan iminka ka hor idiin soo qoro, laakiin hawlihii oo iga batay maanan u helin kansho. Waa nasiib darro in aan ilaa iyo hadda awoodi weyno in aan afkeenna qoronno, meynaan gelin awooddii uu u baahnaa qoraalka af Soomaaliga. Si weyn baan u dabbaaldegi doonnaa maalintaan xaashiyaha aan isku dirayno aan ku qoranno afkeenna. Taasi ma noqon doonto mid fog haddii aan uruurinno dhaqaalaha loo baahan yahay in aan ku bixinno qalabka inoo sahlaya qoraalkaas, markaas oo keliya ayaan bilaabi karnaa olole ballaaran oo aan kula dagaallamayno jahliga, kaasoo ah caqabadda ugu wayn ee inaga hortaagan ilbaxnimada casriga ah. Waa ii nasib darro in aan awoodin in aan wax ku qoro ama ku akhristo afkeenna hooyo, sidaa baan ugu qasbanahay in aan markanna wax ku qoro af talyaani khalad ah oo aysan cidna I barin balse aan aniga is baray (Cabdullaahi Ciise si wanaagsan ayuu talyaaniga ugu hadli jiray).

Xaashida inteeda dambe wuxuu ku dheeraaday xorriyad doonkii iyo siday Qaramada Midoobay ugu hawlanayd in ay talyaaniga soo celiyaan Soomaaliduna u diiddanayd.

Ra'iisulwasaarayaashii Cabdirashiid Cali Sharmaarke iyo Cabdirisaaq Xaaji Xuseen waxay xukuumadahoodii magacaabeen guddiyo farsamo marka laga soo bilaabo 1961kii oo marna ka koobnaa sagaal xubin marna lix ahaa. Ra'iisulwasaare Maxamed Ibraahin Cigaal wuxuu sii xoojiyey guddidaa dambe oo dhisnayd ilaa dalku ka dhaco isbaddalkii 1969kii.

Ra'iisulwasaare Cabdirisaaq, xaashi uu ku soo daabacay wargayskii Corriere della Somalia kuna taariikhsanayd 26kii maarso 1966kii wuxuu ku yiri "waan wada aaminsannahay in aan shacabka Soomaaliyeed laga korin karin xaaladda wax akhris-qorid la'aanta haddaan aaladda waxbarashada laga dhigannin afka hooyo. Waxaa tusaale inoogu filan, iyadoo qarniyaal af Carabi wax lagu barto, qarni ku dhawaadna afafka faranjiga dadkeennu ku hadlo inta wax tacliin ah yeelatay oo mugdiga ka baxday waa tiro yar oo aan micna weyn lahayn." Cabdirisaaq wuxuu tusaale u soo qaatay dunida leh af qoran in markuu ruuxu barto higgaadda uu wax akhrin karo micnahana fahmi karo, laakiin dalkeenna xitaa kuwa yaqaanna xuruufta carabiga ama laatiinka aysan garan karin waxa ay akhrinayaan maxaa yeelay waa af shisheeye oo aan macnihiisa loo tababarin, afka hooyo wax ku barashadiisuna ka fududdahay afafka shisheeye.

Ra'iisulwasaare Cabdirisaaq wuxuu xusay sida ay xukuumadihii Soomaaliyeed uga go'nayd qoridda afka hooyo. Wuxuu yiri: "Maanta dalka kama diro af hooyo oo qoran, mana jirto xukuumad Soomaaliyeed oo aan isku dayin in wax laga qabto laga soo bilaabo1956kii ilaa taariikhdan aan joogno. Istiqlaalkii kadib 1961kii, xukuumaddu waxay magacawday guddi dersa arrimaha af Soomaaliga kana soo tala bixiya sidii loo rasmiyayn lahaa. Xukuumaddu aad bay u qaddarisay hawsha uu soo qabtay guddigu. Hase ahaatee weli may ka gaarin go'aan talooyinkii la soo hor dhigay. Aragtida xukuumaddu waxay tahay in weli daraasaadka af Soomaaliga lagu sii xeeldheeraado, si loo helo xalka ugu habboon, kana jawaabi kara baahida dadweynaha. Waa in la garwaaqsado in furfuridda mushkiladdan guntan lagaga gudbi karo oo keliya go'aan siyaasadeed.

Ra'iisulwasaaraha isagoo ka hadlayey kooxo uu ku sheegay in ay ka soo horjeedaan rasmiyaynta afka, wuxuu yiri: "Waxaa ayaamahan dalka ku soo kordhay kooxo aan arrinta rasmiyaynta farta aan aqoon u lahayn oo ku darsaday niyad xumo iyo qalalaase abuurid xukuumaddana ku masabita in ay damacsan tahay in ay dadweynaha ku khasbayso rasmiyaynta far xuruufteedu diinta ka soo horjeeddo iyagoo dacaayadahaa ka faafiya masaajiddada, waxayna abaabulaan bannaanbaxyo lagu waxyeelaynayo degganaashaha iyo sharciga".

Culayska faraha badan ee xukuumadda saarnaa marka laga hadlayo go'aan ka qaadashada qoridda far Soomaaliga iyo in arrimo iyo fasiraad diimeed la siiyey, waxaa caddayn u ah in ra'iisulwasaare Cabdirisaaq soo qaatay dastuurka dalka qodobkiisa koowaad farqadda saddexaad oo shegaysa in Islaamku yahay diinta dalka. Wuxuu digniin u diray kooxo uu sheegay in ay abaabullo ka wadeen masaajiddada oo uu sheegay goobo cibaado aysanna ahayn goobo siyaasadeed iyo dacaayad.

Sannadahaas ay doodaha fartu socotay ayaa dadkii ugu cadcaddaa waxay isugu jireen Soomaali iyo shisheeye kuwaasoo aad ugu hawlanaa geeddi socodkaas. Aqoonyahankii iyo masuuliyiintii ugu cacaddaa dhanka Soomaalida waxaa ka mid ahaa:
1. Aden Cabdulle Cismaan
2. Yaasiin Cismaan Keenadiid
3. Xaashi Cali Mire
4. Shire Maxamed Cabdiraxmaan

5. Maxamed Siciid Samatar
6. Xaaji Maxamed Xuseen Xaamuud
7. Abuubakar Xaamud Sokorow
8. Shire Jaamac Axmed
9. Axmed caato
10. Xuseen Cabdi Cabdulle
11. Siidow Rooble Cismaan
12. Xirsi Cali Magan
13. Cabdi Aaden Abtidoon
14. Maxamed Cumar Jaamac
15. Cabdiraxmaan Maxamuud Xuseen
16. Cali Xaaji Yuusuf
17. Cabdisalaan Xasan
18. Cabdiraxmaan Cabdulle Dirir
19. Maxamed Shariif Maxamuud
20. Maxamed Yuusuf Aden (Muro)
21. Muuse Xaaji Ismaaciil Galaal
22. Benvenuto Francesco A. Isaaq

Kuwii shisheeyaha ahaa ee iyagana dadaalka weyn geliyey qoraalka Soomaaliga ayaa waxaa safka hore uga jiray aqoonyahanno iyo xeeldheerayaal ay ka mid yihiin:
1. Maxamuud Cabdul Muncim
2. Axmed Bahudiin
3. Prof Mario Villoresi
4. Prof A. Negratto Cibisio
5. Prof Martino Mario Moreno
6. Nicolino Mohamed
7. Benvenuto Francesco

Aqoonyahanadii shisheeye intoodii badnayd ayaa u kala dhashay dalalka Ingiriiska, Talyaaniga, Jarmalka, Mareykanka iyo Poland. Magacyadooda iyo dalalkii ay ka soo kala jeedeen waxay kala yihiin:

Ingriisku waxay ahaayeen
David Solti
J.S.King
C.R.V. Bell
Liliam Armstrong
I M Lewis

Poland
B.W. Andrejwiski
John Drysdale
Talyaani
Mario Maino
Enrico Cerulli
Martino Moreno
Bruno Banza
Jarmal
A Klingheben
Curl Long
Remisch Austrian
Mareykan
Joseph Pia
Jeanne Coutini
D R Castagno[4]

---

4. *Sooyaalka Guddiga Af Soomaaliga 2020 Akademiyada Cilmiga iyo Suugaanta*

5

KUTUBTA NAXWAHA IYO QAAMUUSYADA

5

KUTUBTA NAXWAHA IYO QAAMUUSYADA

Afafka qoran oo dhan waxaa sal u laba shey oo aan la'aantood afkaas qormi karin isla markaana noqon karin mid hanaqaada, culimada ku xeeldheer aqoon afeedka oo idil way isku wada raacsan yihiin aragtidaas. Labada uusan ka maarmi kareynin afka qorani waa qaamuuska iyo naxwaha, waa labada tiir ee haya, qaamuusku wuxuu keenaa eray bixinno hor leh oo afkaa hodan ka dhiga iyo qofka baranayaa meel uu ka eego eraygii horay u jiray ee macnihiisu si uun uga maqnaa, sidoo kale wuxuu isku fasiraa afkaa laga hadlayo markaa iyo afaf kale oo ruuxu ka eegi karo macnaha uu ku leeyahay ama ay wadaagaan.

Naxwaha ayaa isna ah toosiyaha ah uu leeyahay, iyadoo aynu wada ognahay in bulshooyinka dunidu iyaga oo dal qura ka wada tirsan ay haddana kala afguri noqon karaan, afgurigaa oo mararka qaar keeni kara in naxwe ahaan uu khilaafi karo afka dhexe uu dalkaasi isla qaatay, markaa naxwaha ayaa noqonaya hagaha iyo toosiyaha afka kana ilaalinaya in ruuxba siduu damco u qaato una yiraahdo ama qoro.

Way adag tahay in la wada helo qaamuusyada iyo buugta naxwaha uu af leeyahay, weliba afka Soomaaliga oo dhowr iyo soddonkii sano ee la soo dhaafay ay shakhsiyaad is xilqaamay ay dadaal badan geliyeen soo saaridda buugaag qaamuus iyo naxwe ah, shakhsiyaadkaa oo ku kala nool qaaradaha dunida oo Soomaalidu ay aad u degtay iyo Geeska Afrikaba.

Bare Sare Morgan Nelson oo wax ka dhiga jaamacadda Gothenburg ee Iswiidhan ayaa wuxuu sameeyey uruurin uu ugu magac daray "A bibliography of Somali Language and Linguistics" oo uu ku soo koobay cinwaannada, magacyada dadkii qoray, sannadkii iyo halkii lagu daabacay qaamuusyo, qorallo naxwe, cilmibaarisyo afeed oo giddigood ku saabsan afka Soomaaliga. Haddaba waxaan halkan idinkula wadaagayaa qaar ka mid ah xog ururintaa uu sameeyey Dr. Nilsson, balse aan ka hormariyo warbixin kooban oo ku saabsan qaamuusyada Soomaaliga.

Afka Soomaaliga marka loo yimaado dhanka qaamuusyada waxaa ugu caansan Qaamuuska Af Soomaaliga ee uu Yaasiin Cismaan Keenadiid soo saaray kuna soo baxay magaca Wasaaradda Hiddaha iyo Tacliinta Sare iyo Akademiyada Dhaqanka oo wasaaraddaas hoos imanaysay, wuxuu soo baxay sannadkii 1976. Inkastoo uu ka horreeyey kii ay dejiyeen guddigii af Soomaaliga kooxdii u qaabilsanayd dhanka qaamuuska kuna dhamaystiri waayey sagaalkii bilood ee loo qabtay, balse markii dambe uu dhamaystiray Cabdulqaadir Bootaan kaasoo noqonaya qaamuuskii ugu horreeyey ee Soomaali-Soomaali ah ee soo baxa, hase yeeshee aan aad u baahin, haddana qaamuuska Yaasiin ayaa aad u fiday looguna yeeraa kii ugu horreeyey, qaamuusyadii ka dambeeyeyna ay midkaa tixraaceen.

Wuxuu qaamuuska Yaasiin noqday mid loo noqdo marka wax la isku cabto ama la baadigoobayo wuxuu muddo dheer ahaa mid macnaha eray leeyahay lagu yiraahdo "Qaamuuska Yaasiin sidaa iyo sidaa ayuu leeyahay", markaa qaamuuskii Yaasiin wuxuu noqonayaa saldhigga qaamuusyada af Soomaaliga gaar ahaan kuwa Soomaali-Soomaali ah.

Qaamuusyo fara badan ayaa soo baxay tan iyo markii ay bilaabatay in la xiiseeyo qoraalka Soomaaliga, machadyo aqooneedyo iyo shakhsiyaad ayaa isku hawlay soo saaridda qaamuusyo kala duwan, ha ahaadeen Soomaali-Soomaali ama Soomaali iyo afaf kaloo shisheeye, sida Ingriisiga, Talyaani, Faransiis, Jarmal, Iswiidhis, Norweeji, Finish, Ruush, Carabi, Sawaaxili, Amxaari iyo qaar kale. Qaamuusyadaas ayaa waxaan ka soo qaadanaynaa kuwan:

- Qaamuuska Soo maal ee uu tafaftiray Aadan Xasan Aadan Belelo. Djibouti, 2012.
- Qaamuuska Af-Soomaaliga. Annarita Puglielli & Cabdalla Cumar Mansuur. Roma: RomaTrE-Press.
- Qaamuuska Af Soomaaliga. Koobaha Af Soomaaliga. Khaalid CaliGuul-Warsame. Nairobi & Dragør. 2004.
- Qaamuus. Ereykoobe. Saalax Xaashi Carab. Jabbuuti/Djibouti: Machadka Affafka ee Xarunta Cilmibbaadhista, 1979.

- Hal ururka erayada maamulka xafiisyada, xisaabaadka ganacsiga & dhaqaalaha.Muqdisho: Warshadaha Saabuunta Bayl iyo Qubeys & Mariska. 1976.
- Qaamuus kooban ee af Soomaali ah. Abdulqaadir F. Bootaan. Muqdisho: Akadeemiyaha Dhaqanka, Wasaaradda Hiddaha iyo Tacliinta Sare, 1976.
- Qaamuuska Af-Soomaaliga. Yaasiin Cismaan Keenadiid. Firenze & Muqdisho: Madbacadda Qaranka. Wasaaradda Hiddaha iyo Tacliinta Sare, Akademiyaha Dhaqanka, Guddiga Af-Soomaaliga. 498 p. PDF AT UNIVERSITÀ DI ROMA TRE 1972.
- Ereybixinta Ganacsiga. Guddiga Af Soomaaliga. Muqdisho. 1971.
- Abwaanka af Soomaaliga. Guddiga Afka Soomaaliga. Muqdisho: Guddiga afka Soomaalida. 238 p. Special Dictionaries 2006.
- Xulashada Magacyada Caruurta. Baby names. Jarmila A Hashi. Toronto: Bd Printers. 101 p. 2001.
- Qaamuuska magacyada Soomaaliyeed. A dictionary of Somali names. Mohammed Sh. Hassan. Stockholm: Scansom Publishers, 171 p. ISBN 91-973671-9-2. 1988.
- Qaamuuska Maahmaahyada Soomaaliyeed. Georgi Kapchits. Москва: Восточная литература. PDF AT UNIVERSITÀ DI ROMA TRE 1974.
- A Basic Clause Dictionary. Geez, Tigrinya, Amharic, Somali, Swahili. Y. Isigaki. Tokyo.
- Aan baranno Talyaaniga – Impariamo il Somalo, Cabdiraxmaan M. Abtidoon, COE, Milano, 1997

Qaamuusyada Soomaali iyo afaf shisheeyana waxaa ka mid ah oo aan ka soo qaadanaynaa:

Iswedhish
- Nilsson, M. (work in porgress) Kort somalisk-svensk ordlista. PDF: http://morgannilsson.se/somaliska/so_se_lex.phtml Badil, S.M. & M.S. Hassan. 2010. Svensk-somaliskt lexikon.
- Qaamuuska Iswidhishka iyo Soomaaliga. Stockholm: Myndigheten för skolutveckling. 1226 p. ISBN 9789172290648. WEBSITE: http://lexin.nada.kth.se/lexin/#searchinfo=both,swe_som,; Hassan, M.M. 1997.

- Buug'ereyeed Iswiidhish Soomaali. Svensk-somalisk ordbok. Angered: Abille. 451 s. ISBN 91-630-6321-2. Soyan, A.M. 1992.
- Qaamuus Soomaali-Iswiidish. Somalisk-Svenska. 202 s. Hassan, M.M. 1991. Svensk-somalisk ordlista.
- Qaamuuska Afka IswiidhishkaSoomaaliga. Tryckverkstan. ISBN 91-630-0491-7.
- Norwegian Lexin: norsk-somali Ellingsen, Elisabeth & Kirsti Mac Donald (2012) På vei; norsk-somali ordliste. Cappelen Damm. 123 s. ISBN: 9788202372330 Nilsen, Gölin Kaurin & Jorunn Fjeld (2009)
- Norsk nå!; ordliste norsk-somali. Fagbokforlaget. 152 s. ISBN:9788211012685 Dolve, Ingebjørg, Elisabeth Ellingsen, Janne Grønningen & Kirsti Mac Donald (2009)
- Her bor vi; norsk-somali ordliste. Cappelen Damm. 43 s. ISBN: 9788202315535 Guuleed, Cismaan Cabdi (2008)
- Norsk-somali ordbok med somali-norsk register. 4. utgave. Ås: elexi.no. 491 s. ISBN 978-82-92458-04-4.
- Guled, Osman & Trond Soldal (2005) Naturfagordliste norsk-somali. Fagbokforlaget. 193 s. ISBN:9788245003161.
- Manne, Gerd & Gölin Kaurin Nilsen. 2003. Ny i Norge; ordliste norsksomali. Fag og kultur. 97 s. ISBN: 9788211005915. | 2013. Fagbokforlaget. 156 s. ISBN:9788211018342 2000.
- Klar for Norge; ordliste norsk-somali-russisk-polsk. Fag og kultur.|| 2001. 97 s. ISBN: 9788211004772
- Danish
- Abdulahi Mukhtar Hussein, Muhamed Abdulahi A., Macaani Mohamed Hassan Elmi (2002) Dansk-somali ordbog.
- Qaamuus deenish-soomaali. Herning: Special-pædagogisk forlag. 3. oplag. 460 s. ISBN 8773994871.
- Nuur, Ali Ahmed (1997) Dansk-somalisk ordbog. Nuur Konsulent Service. 344 s.
- Nuur, Ali Ahmed (1996) Somalisk-Dansk ordbog. Qaamuus SoomaaliDeenish. Nuur Konsulent Service. 266 s. ISEN 87-986012-0-2.
- Nuur, Ali Ahmed (1993) Dansk-somalisk ordbog. Qaamuus DeenishSoomaali. Nuur Konsulent Service. 252 s.

- Finnish Elmi, Abdirizak (2013) Suomi somali suomi sanakirja. Qaamuus finnish soomaali finnish. Also available on Wikipedia.
- Qaamuuska arrimaha bulshada. Fiinish-Soomaali. Sosiaalialan sanakirja - suomi-somalia. Vammaisten maahanmuuttajien tukikeskus Hilma.
- Qaamuus.so. Pieni somalia-soumi sanakirja. Sanakirja somali-suomi. Sanakirja suomi-somali. Ilmainensanakirja.fi. Warsame, M. (2009)
- Taskusanasto suomi-somali-suomi. Somalian Community in Finland. 102 s. ISBN 9789529255900. || 2. painos:
- Suomi-Somalia seura, 2010. 103 s. ISBN 9789529267590. Korpela, Rusanen, Samuli, Aden, Shirwa, Mubarak, Guled. ( )
- Eraybixinta bayoolojiga, juqraafiga iyo taarikhda. Biologian, historian ja maantiedon sanasto suomi-somali. 2. painos. ISBN 9789517193573. Silfverberg, L. (1993)
- Sanasto suomen kielen alkeis- ja jatko-oppikirjaan: Suomi-somali. Helsinki: Finn Lectura. 96 s. Nuutinen, O. (1992)
- Suomea suomeksi. Suomi-somali-sanasto. Helsinki: VAPK-kustannus.
- English Afmaal Somali-English Dictionary Qaamuus.so.
- Somali-English-Italian Mathematical dictionary Ahmad, Liban A. (2012)
- A Dictionary of Somali Verbs in Everyday Contexts. Authorhouse. 96 pp. ISBN 978-1-46788-137-1.
- Diriye, Liban A. (2011) Qaamuus Caafimaad. Concise Somali Medical Dictionary. LA Diriye. 310 pp. ISBN 978-0956-897-602.
- Omer, A.M. (2011) English-Somali & Somali-English One-to-One Dictionary. London: Ibs Books UK. 278 pp. ISBN 9781905863945.
- Mire, A.H. (2008) Advanced English-Somali Dictionary. 1205 pp. ISBN 978-1-4276-2916-6.
- Awde, Nicholas, Cabdulqaadir Xaaji Cali Xaaji Axmed & Martin Orwin (2006) Somali.
- Somali-English, English Somali Dictionary & Phrasebook. New York: Hippocrene books. 175 pp. ISBN 0-7818-0621-6. Hassan, Mohamed Ali (2005)

- Qaamuuska caafimaadka. Soomaali-Ingiriisi. 2nd ed. Stockholm: Scansom. 124 pp. ISBN 9789197440936. O'Hirsi, Adam I. (2005)
- The Somali Court Interpreter. Authorhouse. 300 pp. ISBN 978-1-42087-474-7. Keynan, M.A. (2000)
- Qaamuuska Mustaqbalka. Somali-English Dictionary. English-Somali Dictionary. Wembley, UK: Safari World Entertainment. 439 pp. ISBN 0 95384 370 X. Adam, S. M. (ed.) (1999)
- New Student Dictionary. Dikshaneeriga cusub ee ardayda. English-Somali. London: Haan Associates. 224 pp. ISBN 1-874209-33-2.
- Hashi, A.A. (1998) Fiqi's Somali-English Dictionary. First Edition. Jigjiga, Etiopien: Fiqi Educational Materials. Publishers and Distributers. 512 pp. ISBN 0-9697685-1-5. (1997)
- Qaamuuska 'Tesooras' Soomaali-Ingiriisi. Thesaurus SomaliEnglish. London: Haan Associates. 198 pp. ISBN 1-874209-77-4. Xaashi, Rashiid Khaliif & Nuur Khaliif Xaashi (1996) Iftiin's Super Handbook.
- English-Somali Reference Guide. Phrasebook, Idiom Dictionary, Vocabulary Builder. Iftiin Publishers. 494 pp. ISBN 0-9680903-0-33. Farah, A.A. (1995)
- Abwaan cusub oo Af-Soomaali iyo Af-Ingiriisiya. A Modern Somali-English Dictionary. Ottawa. 469 pp. ISBN 0-96990090-2. (1994)
- English-Somali Dictionary. Hippocrene Books, Incorporated. ISBN 0-7818-0269-5. Korshel, Mohamud (1994)
- Qaamuus Ingirisi-Soomaali, Soomaali-Ingirisi, English-Somali, Somali-English Dictionary. New Delhi: Star Publications. 444 pp. ISBN 81-86264-00-0;
- French & European Publications, Incorporated. 445 pp. ISBN 0-7859-8763-0. || (2002) 445 p. ISBN 9788186264003. || Qoorsheel, M.J. (2007) Simon Wallenberg Press. 460 pp. ISBN 9781843560074.
- Zorc, R. D. & M. Osman (1993) Somali–English Dictionary with English Index. Kensington: Dunwoody Press. ISBN 0-931745-94-2.

- Hashi, Awil Ali & Abdirahman A. Hashi (1993) Aasaasi Essential EnglishSomali Dictionary. Kitchener, Ontario: Fiqi Press Ltd. 458 pp. ISBN 0-9697685-0-8.
- Qani, Abdi-Asis Muhumed, Jörg Berchem & Ali Muhamad (1993) OMIMEE's English-Somali dictionary = Qaamuuska Af-Ingiriisi - AfSoomaali. Cologne: OMIMEE Intercultural Publishers. 129 pp. ISBN 3-921008-06-9.
- Ansell (1992) Beginning English for Somali Speakers with selected vocabulary. Farah, Jawahir Abdulla = Faarax, Jawaahir Cabdala (1992) Somali learner's dictionary = Qaamuuska barashada Ingiriis-Soomaali. London: Haan Associates, 113 pp. (1992)
- Study Companion Word List: Geography. Taxanaha Erayadda: Juqraafi. English-Somali/Soomaali-Ingriis. London: Haan Associates. 26 pp. ISBN: 1-874209-55-3 (1992)
- Study Companion Word List: Mathematics. Taxanaha Erayadda: Xisaab. English-Somali/Soomaali-Ingriis. London: Haan Associates. 22 pp. ISBN: 1-874209-50-2 (1992)
- Study Companion Word List: Science. Eraybixinta: Saynis. EnglishSomali/Soomaali-Ingriis. London: Haan Associates. 30 pp. ISBN: 1-874209-60-X (1992) Study Companion Word List: Social Studies. Taxanaha Erayadda: Cilmilga Bulshada. English-Somali/Soomaali-Ingriis. London: Haan Associates. 22 pp. ISBN: 1-874209-45-6 (1992)
- Study Companion Word List: Technology. Taxanaha Erayadda: Teknooloji. English-Somali/Soomaali-Ingriis. London: Haan Associates. 22 pp. ISBN 1-874209-65-0
- Zorc, R.D., M.M. Osman & V. Luling (1991)
- Somali-English dictionary. 2nd rev. and exp. ed. Kensington: Dunwoody Press. 530 pp.
- Barkhadle, Ahmed M.I. 1990. Flora of Somalia. Somali Plant Names Dictionary. Qaamuuska magacyada dhirta soomaaliyeed. Istituto Agronomico per l'Oltremare. 134 pp. PDF AT UNIVERSITÀ DI ROMA TRE
- Luling, Virginia. (1987) Somali-English Dictionary. Wheaton: Dunwoody Press. 605 pp.

- Funaioli, U. & A.M. Simonetta. 1985. Vernacular names of Somali animals with correspondent Latin, English and Italian denominations. A first list. Istituto Agronomico per l'Oltremare. 90 pp. PDF AT UNIVERSITÀ DI ROMA TRE Piccoli, Giugliano & Ibrahim Hersi Aden (1981).
- Dizionario di geologia somalo-italiano-inglese. Erayfuraha cilmiga dhulka ee afafka talyaaniga-soomaaliga-ingiriiska. Italian-Somali-English geological dictionary. Mogadiscio: Università nazionale della Somalia, Facoltà di geologia.
- Nakano, Aki'o (1976) Basic Vocabulary in Standard Somali (I). Tokyo: Tokyo Gaikokugo Daigaku. Institute for the Study of Languages and Cultures of Asia and Africa. 139 pp. PDF AT UNIVERSITÀ DI ROMA TRE
- Xirsi, Saciid Warsame & Cabduraxmaan C. Oomar (1975) Afgarad Qaamuus Ingiriisi-Soomaali = English-Somali Dictionary. Muqdisho. 272 pp.
- Ali "Idaajaa", Ahmed F. & Omar Ali Nuur (1975) The Modern EnglishSomali Phrase Book. Mogadiscio.
- Abraham, Roy Clive (1967) English-Somali Dictionary. London
- Abraham, Roy Clive (1964) Somali-English Dictionary. London: University of London Press. 332 pp. || 2nd impression: New York: McKay, 1966. ||
- 3rd impression: London: University of London Press, 1968.
- De Larajasse, E. (1897) Somali-English and English-Somali Dictionary. London: Kegan Paul, Trench, Trubner & Co. 301 pp.
- German Farah, M.A. & D. Heck (1989) Somali Wörterbuch Deutsch–Somali / Somali–Englisch–Deutsch. Hamburg: Buske. || 2. Auflage: 1993. || 3. Auflage: 2001. ISBN 3-87548-055-4. ||
- 4., unveränderte Auflage: Hamburg: Buske, 2009. 301 pp. ISBN 978-3-87548-055-9.
- Roble, A. (1989) Robles Wörterbuch der deutschen und somalischen Sprache. Somalisch-Deutsch. Bonn. 224 pp.
- Roble, A. (1987) Wörterbuch der deutschen und somalischen Sprache. Teil 1: Deutsch-Somalisch. Bonn.

- Reinisch, L. (1902) Südarabische Expedition. Die Somali Sprache Vol. II Wörterbuch. Kaiserliche Akademie der Wissenschaften. Wien: Alfred Holder. 540 pp.
- French Hooyo: Vocabulaire Hooyo: Dictionnaire Farah, Abdulghani Gouré (2008) Dictionnaire français-somali. Qaamuus Faransiis-Af Soomaali Paris: L'Harmattan. 461 p. ISBN 978-2-29605553-7.
- Faarax, Cabdulqani Guure (1999) Dictionnaire somali-français. Qaamuus Af Soomaali-Faransiis Paris: L'Harmattan. 206 p.
- Maxamed, Cabdi Maxamed (1986) Dictionnaire Français-Somali. Qaamuus Fransiis-Soomaali. 2 volumes. Paris: Institut national des langues et civilisations orientales.
- PDF AT UNIVERSITÀ DI ROMA TRE Philibert, Christophe (1976) Petit lexique somali-français. Paris: Librairie C. Klincksieck. 57 p. ISBN 2-252-01849-6.
- PDF AT UNIVERSITÀ DI ROMA TRE Henri, L. (1897) Essai de vocabulaire pratique français-issa (Somalis) avec prononciation figurée. Melun.
- Italian Somali-English-Italian Puglielli, A. (2010) Dizionario italiano-somalo. Roma: Carocci. 761 p. ISBN 9788843055760. Fins på Amazon.it och UniLibro.it
- Agostini, Puglielli & Siyaad (1985). Dizionario somalo-italiano. Roma: Gangemi. 656 p. ISBN 8874480016. Probably the best and most comprehensive dicitionary of Somali. Distributed by e.g. UniLibro.it Funaioli, U. & A.M. Simonetta. 1985.
- Nomi vernacolari degli animali in Somalia e denominazioni corrispondenti in latino, inglese ed italiano. Primo elenco. Istituto Agronomico per l'Oltremare. 90 pp. PDF AT UNIVERSITÀ DI ROMA TRE Piccoli, Giugliano & Ibrahim Hersi Aden (1981).
- Dizionario di geologia somalo-italiano-inglese. Erayfuraha cilmiga dhulka ee afafka talyaaniga-soomaaliga-ingiriiska. Italian-Somali-English geological dictionary. Mogadiscio: Università nazionale della Somalia, Facoltà di geologia. Minozzi, Maria Teresa & Cinzica Poletti Turrin (1962) Dizionario somaloitaliano, migiurtino-italiano. Milano: Edizione Grafiche A. Carcano. 238 p.

- Minozzi, Maria Teresa & Cinzica Poletti Turrin (1961) Dizionario italianosomalo. Milano: Edizione Grafiche A. Carcano. 178 p.
- Maino (1957) Terminologia medica e sue voci nella lingua somala. Alessandria. Giovanni, M. (Da Palermo) (1915)
- Dizionario Somalo-Italiano e ItalianoSomalo. Tipografia Francescana. Missione Cattolica, Asmara. 209 p.
- Robecchi-Bricchetti, L. (1890) Vocabolario Harrari-Somali-Galla. Roma.
- Russian Алейников С.В. (2012) Сомалийско-русский словарь. Eraykoobka soomaali-ruush ah. Москва. 415 с. ISBN: 978-5-89394-228-6.
- Капчиц, Г.Л.М. (1983/2009) Сомалийские пословицы и поговорки на сомалийском и русском языках с русскими соответствиями. Москва: Наука. ISBN: 5-397-00823-0 978-5-397-00823-5 Хаджи Осман, Мохамед & Д.И. Степанченко (1969)
- Краткий сомалирусский и русско-сомали словарь. Abwan urursan Af Soomaali iyo Rusha, Rush iyo Af Soomaaliya. Москва: Советская енциклопедия. 319 s. PDF AT UNIVERSITÀ DI ROMA TRE Czech Akyol: Somálsko-český slovník.
- Swahili Swahili-Somali Dictionary. Dr. Badal Institute of Linguistics. Monolingual Dictionaries 2013.
- Qaamuus Afsoomaali. Aadan Xasan Aadan. Djibouti: Soo Maal. 1575 p. ISBN 978-501-001. 2012.
- Qaamuuska Af-Soomaaliga. Annarita Puglielli & Cabdalla Cumar Mansuur. Roma: RomaTrE-Press. 947 p. ISBN: 978-88-97524-02-1. site:
- PDF AT UNIVERSITÀ DI ROMA TRE 2008. Qaamuuska Af Soomaaliga. Koobaha Af Soomaaliga. Khaalid CaliGuul-Warsame. Nairobi & Dragør. 541 s. ISBN 978-9966-05-081-7. 2004.
- Qaamuus. Ereykoobe. Saalax Xaashi Carab. Jabbuuti/Djibouti: Machadka Affafka ee Xarunta Cilmibbaadhista. 576 s. 1979.
- Hal ururka erayada maamulka xafiisyada, xisaabaadka ganacsiga & dhaqaalaha.Muqdisho: Warshadaha Saabuunta Bayl iyo Qubeys & Mariska. 1976.

- Qaamuus kooban ee af Soomaali ah. Abdulqaadir F. Bootaan. Muqdisho: Akadeemiyaha Dhaqanka, Wasaaradda Hiddaha iyo Tacliinta Sare. 374 p. 1976.
- Qaamuuska Af-Soomaaliga. Yaasiin Cismaan Keenadiid. Firenze & Muqdisho: Madbacadda Qaranka. Wasaaradda Hiddaha iyo Tacliinta Sare, Akademiyaha Dhaqanka, Guddiga Af-Soomaaliga. 498 p. PDF AT UNIVERSITÀ DI ROMA TRE 1972.
- Ereybixinta Ganacsiga. Guddiga Af Soomaaliga. Muqdisho. 1971. Abwaanka af Soomaaliga. Guddiga Afka Soomaaliga. Muqdisho: Guddiga afka Soomaalida. 238 p.
- Special Dictionaries 2006. Xulashada Magacyada Caruurta. Baby names. Jarmila A Hashi. Toronto: Bd Printers. 101 p. 2001.
- Qaamuuska magacyada Soomaaliyeed. A dictionary of Somali names. Mohammed Sh. Hassan. Stockholm: Scansom Publishers, 171 p. ISBN 91-973671-9-2. 1988.
- Qaamuuska Maahmaahyada Soomaaliyeed. Georgi Kapchits. Москва: Восточная литература. PDF AT UNIVERSITÀ DI ROMA TRE 1974.
- A Basic Clause Dictionary. Geez, Tigrinya, Amharic, Somali, Swahili. Y. Isigaki. Tokyo.

Marka loo yimaado qoraallada laga qoray naxwaha af Soomaaliga way fara badan yihiin, aqoonyahanno Soomaali iyo shisheeye ahba ayaa hawl culus iyo dadaal nafhurnimo ah geliyey guul fiicanna gaaray. Afka si loo fariisiyo wuxuu u baahan yahay in laga dhiso xagga naxwaha, inta uu socday baadigoobkii qoraalka farta Soomaaliga waxaa barbar socday oo aysan kala maarmayn dejinta naxwihiisa. Afku wuu kobcaa, markaa dhisidda naxwuhuna wuu la kobcaa oo tusaale ahaan eraybixinnada ayaa mararka qaar u baahda in erayga cusub ama laga keenay meel kale laga wada hadlo in uu yahay lab ama dheddig taasoo uu naxwuhu halkaa soo galayo.

Aqoonyahanno aqoon afeedka iyo qaab dhismeedka afku leeyahay ku xeel dheer ayaa dadaalkii sanooyinkii qoralka afku socday la sameeyey halkiisii ka sii waday burburkii dawladdii dhexe iyo hayadihii afka kaabayey kadib. Cilmibaarisyadu inta badan waxay ka socdeen qurbaha, laakiin dhulalka Soomaaliyeed ee Geeska Afrikana dadaal badan ayaa la geliyey oo maanta la oran karayo naxwaha afka Soomaaligu wuu dhameystiran

yahay. Qoraalladaa aynu soo sheegnay ee dal iyo dibedba aan loo kala harin waxaa ka mid ah:
- Iswiidish: Nilsson, Morgan (work in progress) Kort somalisk grammatik.
- Norwegian Klæstad, Gudbrand (2006) Bli bedre i norsk – se forskjellene mellom norsk og somali. Oslo: Vox. 47 pp. ISBN 82-7724-090-2.
- Husby, Olaf (2001) En kort innføring i somali. Trondheim: Tapir. 64 pp. ISBN 82-519-1703-4.
- Danish Tarber, Christel. (2000) Introduktion til det somaliske sprog: en lydlig og grammatisk sammenligning af dansk og somali. Århus: Amtscentret for Undervisning. 72 s. ISBN 87-7298-116-4.
- English Dubnov, Elena Z. (2003). A Grammatical Sketch of Somali. (Grammatische Analysen afrikanischer Sprachen, 20.) Cologne: Rüdiger Köppe. 128 s. ISBN 389645045X.
- Saeed, John Ibrahim (1999) Somali. London Oriental and African Language Library. Amsterdam & Philadelphia: John Benjamins. 295 s. ISBN 90272-3810-3, 1-55619-224-X.
- En översiktlig, allmänlingvistisk presentation av somaliskans grammatiska system, intressant som resonerande läsning som ett komplement till Saeeds mera traditionella grammatik från 1993.
- Saeed, John Ibrahim (1987). Somali Reference Grammar. Wheaton: Dunwoody Press. || (1993) 2nd rev. ed. Kensington: Dunwoody Press. 313 p. ISBN 0-931745-97-7.
- Good reference grammar for intermediate students. Warner, John (1988) Somali Grammar. Vol. 3. Nairobi: Mennonite Board in Eastern Africa. Warner, John (1985) Somali Grammar. Vol. 2. Nairobi: Mennonite Board in Eastern Africa.
- Warner, John (1984) Somali Grammar. Vol. 1. Nairobi: Mennonite Board in Eastern Africa. Barry, E. (1957)
- An Elementary Somali Grammar. Asmara: Tipografia Raimond. Abraham, R.C. & Warsama, S. (1951) The Principles of Somali. London. 2nd ed. 481 pp. Kirk, J.W.C. (1905) A Grammar of the Somali language, with Examples in Prose and Verse, and an Account of the Yibir and Midgan dialects. Cambridge: Cambridge University Press. 238 s. Nyutgåvor 1969:

- Farnborough, Hants.: Gregg; 2010: Cambridge Library Collection - Linguistics. ISBN: 9781108013260. PDF AT UNIVERSITÀ DI ROMA TRE Kirk, J.W.C. (1903)
- Notes on the Somali language. London: Frowde. De Larajasse, E. & C.P. de Sampont (1897)
- Practical Grammar of the Somali Language with a Manual of Sentences. London: Kegan Paul, Trench, Trubner & Co. 265 s. Hunter, F. M. (1880)
- A Grammar of the Somali Language with an EnglishSomali, Somali-English Vocabulary. Bombay: Byculla Press. in German Berchem, Jörg. (1991) Referenzgrammatik des Somali. Köln: OMIMEE Intercultural Publishers. 349 p. ISBN 3-921008-01-8. || (2012) 2.
- überarbeitete Aufl. Norderstedt: Books on Demand. 316 s. ISBN 9783848216574.
- Reinisch, L. (1903) Die Somali Sprache Vol. III. Grammatik. Wien: Alfred Holder, Kaiserlische
- Akademie der Wissenschaften. Sudarabische Expedition. 126 pp. PDF AT UNIVERSITY OF GOTHENBURG Schleicher, A. W. (1892)
- Grammatik der Somali-Sprache. Berlin: Th. Fröhlick. PDF AT UNIVERSITY OF GOTHENBURG in French Hooyo (website) De Sampont, C. F. (1905)
- Grammaire somalie. Londre & Berbera: Missione Catholique. Ferrand, Gabriel (1886) Notes de grammaire çomalie. Alger: L'association ouvrière. 28 p.
- in Italian Banti, Giorgio (1985) Lineamenti di fonologia, morfologia e sintassi del somalo e dei suoi dialetti. Roma: Università di Roma.
- Panza, Bruno (1974) Af Soomaali. Grammatica della lingua somala con piccolo vocabolario in appendice. Firenze: Le Monnier. 212 p.
- Moreno, Mario Martino (1955) Il somalo della Somalia. Grammatica e testi del Benadir, Darod e Dighil. Roma: Istituto Poligrafico dello Stato, 404 p.
- Moreno, Mario Martino (1951) Nozioni di grammatica somala. Roma: Scuola Orientale, Universita degli Studi di Roma. 141 p.

- Moreno, Mario Martino. (1951) Grammatica della lingua somala. Roma: Ministero dell'Africa Italiana.
- Orano, M. (1936) La lingua Somala (parlata nella Somalia Settentrionale, nell'Ogaden e nel Benadir). Roma: Casa Editrice Mediterranea. 1914. M. Giovanni (Da Palermo).
- Grammatica della lingua Somala. Asmara: Tipografia Francescana. Missione Cattolica. 357 p. 1892. L. Robecchi-Bricchetti.
- La grammatica somala. Roma: Reale Societa Geografica Italiana.
- in Russian 1990. Елена З. Дубнова. Современный сомалийский язык. Москва: Наука. || 2003 also in English.
- in Somali 2012. Axmed Maxammad Sulaymaan (Shiraac). Naxwaha af soomaaliga. 164 pp. PDF AT UNIVERSITÀ DI ROMA TRE 2009.
- Omer Haji Bile Aden. Mabaadi'da iyo kala dhigdhigga Afka Soomaaliga. Stockholm: Warsan OHBA Publications. 408 pp. ISBN 978-91-7000-150-5. 2003.
- Axmed Maxammad Sulaymaan (Shiraac). Naxwaha af Soomaaliga (= The Somali Grammar). 195 pp. 1999.
- Abdalla Omar Mansur, Annarita Puglielli. Barashada naxwaha af Soomaaliga. London: HAAN Associates. 304 s. PDF AT UNIVERSITÀ DI ROMA TRE 1999.
- Abdalla Omar Mansur & Annarita Puglielli. Furaha layliyada Barashada naxwaha af Soomaaliga. London: HAAN Associates. PDF AT UNIVERSITÀ DI ROMA TRE 1998.
- Ibrahim Xashi Moxamud & Moxamed Xashi Xidhkayome. Qawacidka luuqadda Somaaliga. Stockholm: African Triangle. 123 s. ISBN 91972314-0-1 1995.
- Maxamed Xaaji Xuseen Raabbi. Naxwaha cusub ee af Soomaaliga. Buugga 1d. 53 s. PDF AT UNIVERSITÀ DI ROMA TRE 1994.
- Maxamed x. Xusseen Raabbi. Naxwaha Sifayneed ee Afsoomaaliga: mugga kowaad (mi): Ereyeynta. Lafoole: Jaamacadda Ummadda Soomaaliyeed - Kulliyadda Waxbaraghada ee Lafoole. 150 p. PDF AT UNIVERSITÀ DI ROMA TRE 1976.
- Shire Jaamac Axmed. Naxwaha Af Soomaaliga. Xamar: Akadeemiyaha Dhaqanka - Wasaaradda Hiddaha iyo Tacliinta Sare. 156 p. PDF AT UNIVERSITÀ DI ROMA TRE 1973.

- Shire Jaamac Axmed. Naxwaha Af Soomaaliga. Muqdishow. 156 p. 1973.
- Guddiga Afka Soomaalida. Aasaaska naxwaha af Soomaaliga. Muqdisho: Wasaaradda Hiddaha iyo Tacliinta Sare. 38 s. PDF AT UNIVERSITÀ DI ROMA TRE 1971.
- Aasaaska naxwaha af Soomaaliga. Mugdisho: Guddiga Afka Soomaalida, Wasaaradda Waxbarashada. 46 s.
- Larajasse. Practical Grammar of the Somali Language. 1897.
- J. W. C. Kirk. Notes on the Somali Language. 1903.
- J. W. C. Kirk. A Grammar of the Somali Language. 1905.
- Armstrong. The phonetic structure of Somali. 1934.
- Muuse H. I. Galaal, B.W. Andrzejewski. Hikmad Soomaali. 1956. Aasaaska naxwaha af Soomaaliga. 1971.
- M. X. Huseen Raabi. Codaynta af Soomaaliga. 1977.
- M. X. Huseen Raabi. Habka qoraalka. 1977.
- A. M. Waasuge. Weeraynta Soomaaliga. Xilliyada 5aad. 1990.
- M. X. Huseen Raabbi. Naxwaha sifayneed ee Afsoomaaliga. 1994.
- M. X. Huseen Raabbi. Naxwaha cusub ee Afsoomaaliga. Buugga 1d. 1995.
- Mansuur, Puglielli. Barashada Naxwaha Af Soomaaliga. 1999.
- Mansuur, Puglielli. Barashada Naxwaha Af Soomaaliga. Furaha Layliyada. 1999.
- A. M. Sulaymaan (Shiraac). Naxwaha af Soomaaliga. 2012. Swedish reference grammars in Somali 1999/2007.
- Åke Viberg m.fl. Svensk grammatik på somaliska. Naxwaha Iswiidhishka oo ku qoran af-Soomaali. Stockholm: Natur och Kultur. 178 pp. ISBN 978-91-27-50258-1. 1997.
- Abdirahman Ahmed Mohamed. Svensk grammatik på somaliska. Naxwaha Afka Iswiidhishka oo ku qoran afka Soomaaliga. Stockholm: Författares bokmaskin. 184 pp. ISBN 91-7910-090-2
- Danish reference grammars in Somali 1995. Annie Nielsen. Vores fællessprog - dansk på somali. Daghøjskolen. 2. oplag. 117 pp. ISBN 87-90140-03-6, 9788790140038.
- English reference grammars in Somali 1992. Mary Ansell. Barashada Bilowga Ingiriska iyo Eray-Bixintiisa. Beginning

English for Somali Speakers with selected vocabulary. 118 pp. 1996.
- Abdulkadir Khalif Hashi. Iftiin's Grammar English-Somali. Understanding English Grammar. Beltsville, Maryland. 319 pp. ISBN 0-9680903-2-X.

A bibliography of Somali Language and Linguistics_M. Nilsson

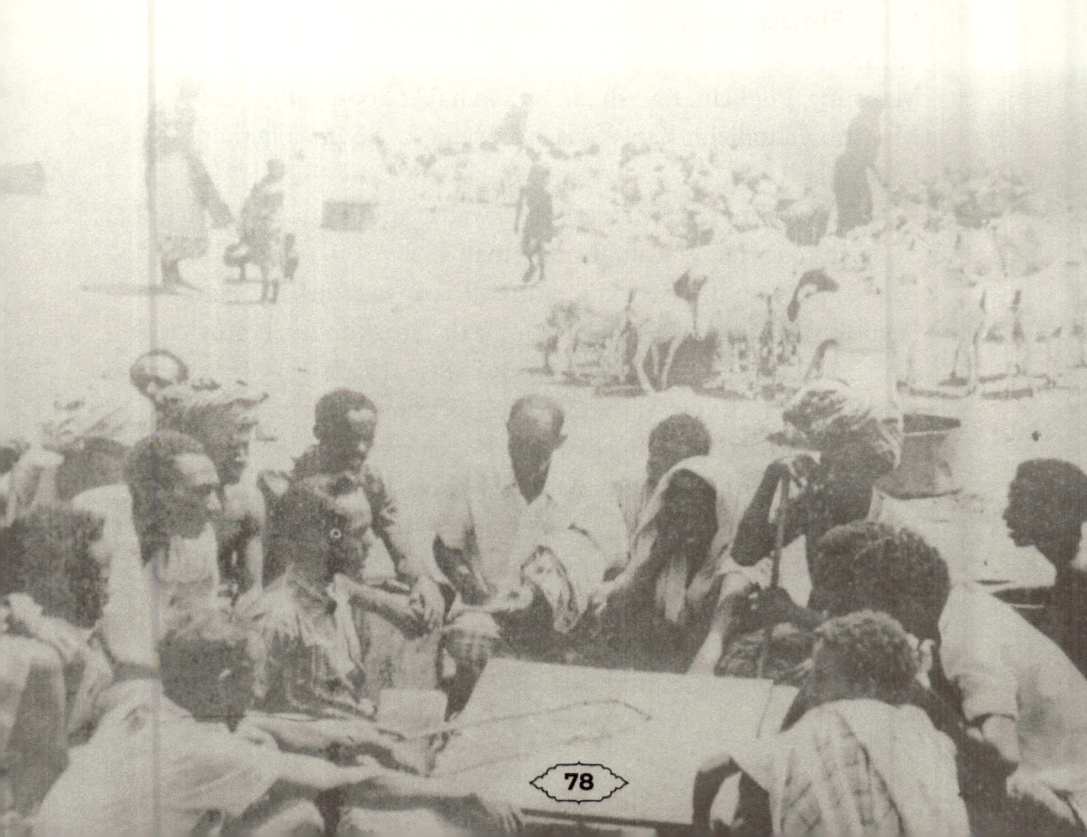

6
XASILID LA'AANTA AF SOOMAALIGA IYO QORAALKIISA

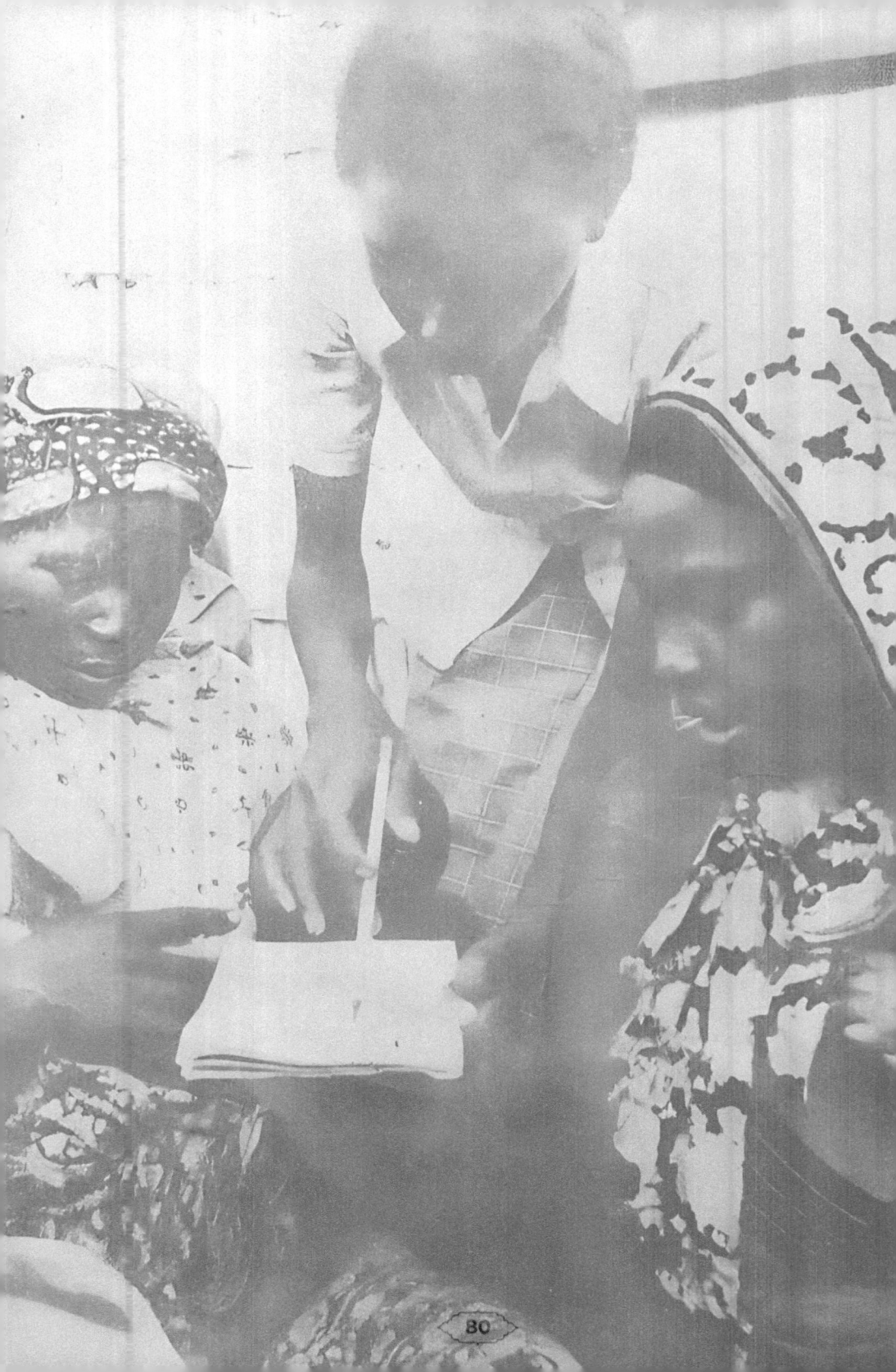

6

XASILID LA'AANTA AF SOOMAALIGA IYO QORAALKIISA

Afku waa noole oo kale oo marba heer ayuu joogaa, muddooyinkii dambe oo farsamada casrigu korodhay aadna u dheereyso, is-rogrogga afku wuu sii badanayaa. Soomaaligu afafkaa qoran oo isbadalladu ku socdaan ayuu ka mid yahay oo weliba safka hore uga jiraa, oo wuxuu ahaa af lagu hadlo oo keliya si rasmi ahna u qoran marka laga soo bilaabo 1972kii, markaa waxaa la oran karaa waa af da'yar marka laga hadlayo muddadii uu qornaa, waase af guun ah dhanka ku hadalka.

Sida uu qabo qoraagii, cilmibaarihii, halgamaagii afka iyo fartiisa Yaasiin Cismaan Keenadiid afafka xasilay ee muddada dheer qornaa waxay u kala saareen afka mid lagu hadlo iyo mid qoran iyo weliba mid deegaan gooni ah looga hadlo ama sida loo yaqaano lahjad ama afguri. Yaasiin wuxuu sheegay in hadda ruux walba sida looga hadlo deegaankiisa uu leeyahay waa tan saxa ah, muddo kadib marka afku xasilana, uu isagu kala soocmi doono.

Yaasiin wuxuu leeyahay "Xasilid la'aanta af Soomaaligu aad bay u daran tahay. Dhibaha guud oo uu afafka kale la wadaago waxaa ka mid ah, afka oo sidiisaba wax nool oo kale ah oo intaas xuubsiibanaya iyadoo erayo cusubi dhalanayaan, kuwa hor u jirayna ama dhimanayaan ama macne kale yeelanayaan... Muddo kadib, kolkii af Soomaaligu xasilo, isaga ayaa dhinac, dan u kala soocmi doona oo isu dubbadhici doona oo midoobi doona. Waxaa soo bixi doona qaamuusyo badan oo ama laamo cilmi oo kala gaar ah ku saabsan, ama gobollo kala duwan laga qoray, oo gobol walba erayada u gaarka ah laga helo, si ay dabadeed dalka iyo dugsiyada ugu wada faafaan, oo afku si run u midoobo."

Yaasiin wuxuu afka u kala saaray:
a) kuwo qoraalka u gaar ah,
b) kuwo dadweynuhu ku hadloo heer gooniya ah,
c) kuwo lahjadeed (ama «afguri»), iyo,
d) kuwo jaadad kale ah.

Waxa kale uu yiri:

"Af-soomaaligu waa af qorid lagu bilaabay, oo hadda weli qolo waliba moodeyso in ereyada gobolkeeda u gaarka ahi, ay af-soomaaliga «sare» yihiin, kuwa kalena «afguri» ...

Af Soomaaligu wuxuu leeyahay erayo isku si loo qoro, kala si loogu dhawaaqo, kala macnana ah. Guddiigii af Soomaaligu wuxuu go'aamiyey in qoraalka af Soomaaliga laga ilaaliyo in calaamado loo yeelo si qoraalku u kala geddismo sida dhawaqu u kala geddisan yahay. Sidoo kale shaqallada ayaa markii hore lagu sheegay in ay yihiin labaatan, toban gaagaaban iyo toban dhaadheer. Balse guddigu wuxuu ugu muuqday in qoraalka afku caadi karin shaqallo sidaa u badan, sidaa darteed ayaa la go'aamiyey in shaqalladu noqdaan toban; shan gaagaaban iyo shan dhaadheer, erayada isku qoridda ahna la oggolaado in ay ku kala duwanaadaan dhawaqa; tusaale: "Tuug" waa ruuxa wax xada haddii si culus loogu dhawaaqo, haddii la fududeeyana waa tuugmada ama baryootanka. Sidoo kale erayga "Duulid" marka uu fudud yahay waa lalid, marka uu culus yahayna waa duullaan qaadid ama col meel ama cid kale ku duulaya.

Fidintii Farta

7

OLOLAYAASHII FARTA LAGU HIRGELINAYEY

7
OLOLAYAASHII FARTA LAGU HIRGELINAYEY

Tan iyo markii waxbarashada casriga laga hirgeliyey carriga Soomaaliyeed oo idil, ayaa dugsiyo dhowr ah waxaa ka furay hay'ado diini ah oo u badan kaniisadaha dalalkii reer Yurub ee dhulka qabsaday. Waxaa kaloo jiray nidaamkii waxbarasho ee carruurta oo dhulkoo idil ka hanaqaaday muddo markaa aad uga sii horreysay oo ku dhisnaa dugsiyada barashada iyo xifdinta Qur'aanka Kariimka, iyo barashada axkaamta oo ay baran jireen qaaddiyada dacwooyinka. Afafkii Ingriiska iyo Talyaaniga ayaa waxaa soo saddaxaynayey Carabiga oo tiro macallimiin ah laga soo diri jiray Masar.

"Dawladihii Ingiriiska iyo Talyaaniga ayaa waxay keeneen manhajyo ay ka soo guuriyeen dalalkii kale ee ay ka talinayeen. Ingriiska ayaa manhajkii Hindiya iyo Yemen keenay Somaliland halka talyaanigu keenay mid uu horay u geeyey Liibiya iyo Eritreya". «*Aaden Maxamed Cali 'Waayihii nolosheyda' 2018*»

Dawladdii kacaanka waxay qaadatay dhabbe kale oo dhinaca waxbarashada dalka ah. Waxaa la dhisay dugsiyo hoose, dhexe iyo sare oo magaalooyinka iyo tuulooyinka inta badan laga hirgeliyey. Waxaa dib u habayn lagu sameeyey manhajkii dugsiyada oo laga dhigay mid ay Soomaalidu leedahay.

Iyadoo ka duuleysa bayaankii ku qornaa Xaashidii Koowaad ee Kacaanka ayuu Madaxeynihii xilligaa Maxamed Siyaad Barre qudbad uu jeedinayey idaacadahana laga tebiyey ku sheegay "Wax aan ahayn afkaaga hooyo oo aad jaahilnimada uga bixi karto ma jirto, sidaas darteedna waxaan go'aansannay in aan qoranno afkeenna hooyo".

Faro dhowr ahaa oo aqoonyahanno Soomaali iyo shisheeyaba isugu jiray ay muddo dheer ku hawlanaayeen ayaa laga soo dhex xushay farta laatiinka ah oo xag dhaqaale iyo farsamaba loo arkay in ay tahay midda ugu habboon. Waxaa la hirgeliyey qoralka farta Soomaaliga bishii Jennaayo 1972kii, waxaana markii ugu horreysay wargeyskii Xamar ka soo bixi jiray ee Xiddigta Oktoobar uu ku soo baxay af Soomaali, diyaaradaha qumaatiga u kaca ee loo yaqaan Helicopter ayaa waxay magaalada Muqdisho ku daadinayeen xaashiyo ku qoran far Soomaaliga la go'aamiyey in la qaato, xaashiyahaa waxaa ku qornaa hal-ku-dhegyo ku saabsan farta. Dadkii deggenaa gobollada iyo degmooyinka kale ee calka waxay kala socdeen idaacadihii markaa jiray ee kala ahaa Raadiyo Muqdisho iyo Raadiyo Hargeysa. Farxad iyo reyn-reyn ayaa dalkoo idil ka socotay, madaxdii iyo masuuliyiintii dalkana waxay goobihii la isugu soo baxay ka jeedinayeen khudbado hambalyo iyo dhiirrigelin isugu jira, kadibna waxaa bilowday ololayaal waxbarasho oo waaweyn.

Sannadkii 1973kii waxaa magaalooyinka dalka oo idil ka socday olole waxbarasho oo ciidamada, shaqaalaha dawladda iyo dadweynaha deggen xaafadahaba lagu barayey akhris qoralka. Midka dadweynaha caadiga ah ee xaafadaha wax lagu barayey ayaa waxaa loo yeelay xiiso gooni ah oo u habeysnaa sidii tartan la sheegayo mar walbaba heerka degmooyinka iyo xaafaduhu kala marayaan, waxaa ammaanta ka sokaw la guddoonsiinayey shahaadooyin si wadar iyo kali-kali ahba loo siinayey dadkaa baranayey, idaacadaha Raadiyo Muqdisho iyo Hargeysa ayaa si joogta ah u soo gudbin jiray tartamadaa waxbarashada ah.

Waxaa xusid mudan in shaqaalaha dawladda la faray in ay muddo saddex bilood ah oo markii dambe laga dhigay lix biloodku bartaan akhris-qoralka, ruuxii muddadaa markii ay dhamaato imtixaanka la qaadi doono ku gudbi waaya in shaqada laga eryayo. Taa waxay noqotay in ay dadka ku dhiirrageliso barashada farta iyo aqoonta la xiriirta. Waxaa dhashay kacaan cusub oo cilmi-doon ah, hab cusub oo lagu tartamo loona tartamo aqoon korarsi.

Golihii Sare ee Kacaanka oo lahaa awoodda ugu sarreysa ee dalka ayaa ku dhawaaqay 27kii Maarso 1974kii in la qaadayo Ololihii ugu weynaa ee abid Soomaali qaaddo wuxuuna bilowday kowdii Agoosto 1974kii socdayna muddo toddoba bilood ah. ololahaa waxaa loogu yeeray Ololaha Horumarinta Reer Miyiga, bilowgiisii waxaa astaan u ahaa markii ay kun toddobaboqol iyo afartan ardayda dugsiyada iyo macallimiintoodu ay ka dhaqaaqeen fagaarihii tareebuunka ee Muqdisho, halkaasoo uu Madaxweynihii ku sii sagootiyey lana sii dardaarmay. Sidoo kale gobollada iyo degmooyinka dalkoo dhan ayaa sidaa si la mid ah looga dhaqaaqay iyadoo ay sii sagootiyeen masuuliyiintii dawladda qar ka mid ah, tuulooyinka yaryar ilaa baadiyaha fog ayaa waxaa loo diray ardaydii dugsiyada dhexe iyo sare, 14 jir iyo ilaa inta ka weyn way ka qeyb qaadanayeen, marka laga reebo ardaydii fasallada siddeedaad iyo laba iyo tobnaad.

Ciidankaa ballaaran ee ardaydii dugsiyada ahaa ayaa waxay ku hubeysnaayeen sanduuq xiran oo ay ku jiraan buugga wax laga dhigayey, buugga macallinku wax ku qoranayey, tabaashiir, marka sanduuqaa la furana noqonaya sabbuurad meel walba la suri karo gidaar, geed iyo duddun, hakaasoo noqoneysay fasalkii casharradu ka socdeen, waxay kaloo siteen buraashad ay biyaha ku shubtaan. Bal qiyaas arday weli ku jirta gacanta waalidkii dhalay oo saa u da' yar in loo diro baaddiyo laga yaabo khataraha bahallada sida libaaxyada, waraabaha iyo habar dugaagga kale ama kuwa loo diray jiinka webiyada ee yaxaaska iyo jeertu ku badan yihiin, haddana si layaab leh ayey uga soo dhalaaleen kaalintaa ardaydii gabdho iyo wiilalba lahayd.

Ololayaashaas waxaa masuul ka ahaa wasaaraddii waxbarashada, waxaana kor ka maamulayey Golihii Sare ee Kacaanka, waxaa jiray kormeerro joogta ah oo guddiyadii maamulayey ay gobolladii iyo degmooyinkii dalka si joogta ah ay ugu marayeen. Gobollada iyo degmooyinka waxaa habsami u socodka ololaha ka masuul ahaa guddoomiyaasha gobollada iyo degmooyinka iyo agaasinka waxbarashada ee heer gobol. Waxaa mamnuuc ahaa in ardaydii aadday baadiyaha si ay dadka wax u baraan ay dib ugu soo noqdaan magaalooyinka fasax la'aan ilaa ololuhu soo dhammaado, taasoo ku aaddanayd bartamaha bisha Febraayo ee 1975ka. Waxaa lagu fasiri karaa ololahaa kii ugu abaabulka fiicnaa abid ee dadka iyo dawladdu wada qabtaan.

Baahida keentay in olole sidaa u weyn la qaado ayaa waxay ahayd iyadoo markaa wixii ka horreeyey dadka wax qora ama akhriya lagu qiyaasay 10% ama ka yar, loona baahaday in kor loo qaado tirada wax qori karta waxna akhriyi karta, waxaana tiraddii akhris-qoraalka taqaanay gaadhay 46%markuu ololihii dhamaaday bishii Febraayo 1975kii sida ay warbixinteedii ku qortay hay'adda Qaramada Midoobay u qaabilsan waxbarashada, dhaqanka iyo sayniska ee UNESCO taasoo abaal marisay wasaaraddii waxbarashada iyo barbaarinta oo iyadu lahayd qeybta ugu weyn hormuudna ka ahayd ololahaas, hase yeeshee dawladdii Soomaaliya waxay sheegtay in ololihii kadib dadka Soomaaliyeed ee waxna qora waxna akhriya ay kor u dhaafayeen 64%. Halkudheggu wuxuu ahaa Haddaad taqaan bar haddaadan aqoonna baro, oo loo soo gaabinayey "Bar ama Baro". Sababta horumarkaa degdegga ah looga gaaray ololahaa ayaa waxa ay ahayd iyadoo ay dawladdii Soomaaliya hakisay wixii hawlo ahaa ee dalka ka socon lahaa intoodii badnayd, iyadoo dalka oo dhan uu u "xirnaa" ololahaas, ruux walbana si ayuun buu uga qeyb qaadanayey, arday, macallimiin, ciidan, fannaaniinta iyo abwaanada, hawl-wadeennada caafimaadka, shaqaalaha dawladda iyo madaxda qarankaba. Raadiyo Muqdisho iyo Hargeysa oo ahaa idaacadaha keliya ee dalka ka jiray ayaa waxay maalin walba soo tebin jireen warbixinno ku saabsan halka wax marayaan, waxaase ka sii xiiso badnaa heeso iyo suugaan kale oo si joogta ah uga bixi jiray idaacadahaas.

Waxaa xusid mudan in ololuhu uusan ahayn oo keliya barashada akhris qoraalka ee waxaa la socday fidinta caafimaadka dadka iyo xoolaha. Ciidankii u badnaa ardayda dugsiyada ee ku hubeysnaa sanduuq markii la kala furana noqonayey sabuurad meel walba la suri karo; aqal, geed, duddun iyo meel walbaba ayaa waxaa barbar socday dhaqaatiir iyo kalkaaliyeyaal caafimaad iyo weliba dhaqaatiirta xoolaha.

Markuu ololihii soo gabagaboobay waxaa la bilaabay mashruuc lagu tira koobayo dadka iyo xoolaha, balad iyo baaddiyaba, kaasoo socday shan iyo toban maalmood.

Tirinta dadka iyo xoolaha ka sokow, labadii toddobaad ee ugu dambeeyey waxaa looga faa'ideystay kormeerid iyo hubin in ardaydu ay joogaan tuulooyinkii loo qeybiyey si aan ardayna looga soo tagin baadiyaha wiil iyo gabarba. Kuwii raacay reer guuraaga ayaa lagu soo uruuriyey tuulooyinkii ay markii hore lagu qoray. Waxay ahayd qorshe hufan oo aad looga fekeray qeybna ka ahaa guushii laga gaaray ololaha.

Soomaaliya ma ahayn dalka keliya ee qaadday olole akhris qoraal, dalal chowr ah oo ka mid ah kuwa loogu yeero dunida saddexaad ayaa olole kaa la mid ah qaadday, hase yeeshee aan gaarin guushii ay Soomaalidu ka soo hoysay ololahaas, sababta ugu weyn waxay ahayd istiraatijiyada ay dawladdii qaadatay oo ahayd in dawladdii Soomaaliya hakisay wixii hawlo ah ee dalka ka socon lahaa intoodii badnayd, iyadoo dalka oo dhan uu u "xayirnaa" ololahaas, ruux walbana si ayuun buu uga qeyb qaadanayey, arday, macallimiin, ciidan, fannaaniinta iyo abwaanada, hawl-wadeennada caafimaadka, shaqaalaha dawladda iyo madaxda qarankaba. Raadiyo Muqdisho iyo Hargeysa oo ahaa idaacadaha keliya ee dalka ka jiray ayaa waxay maalin walba soo tebin jireen warbixinno ku saabsan halka wax marayaan, waxaase ka sii xiiso badnaa heeso iyo suugaan kale oo si joogta ah uga bixi jiray idaacadahaas.

Markii laga soo noqday Ololihii Horumarinta Reer Miyiga ayaa Madaxweyne Maxamed Siyaad Barre wuxuu khudbad ka jeediyey garoonkii kubadda cagta ee Stadio Conis 7dii Maarso 1975kii. Khudbaddaa oo aad u dheerayd ayuu ku soo qaatay arrimo badan oo ay ka mid ahaayeen sababta loo qaaday ololahaa iyo wixii uu ahaaba. Wuxuu sheegay in uusan ahayn oo keliya mid dadka lagu barayey akhris/qoraalka balse ka baaxad weynaa.

"...sida aynu xusuusannahay mar 7 bilood laga joogo waxaynu ambabixinnay dad fara badan oo ummadda Soomaaliyeed ka mid ah oo aan Xamar innagu ka amababixinnay, gobollada iyo degmooyinkana laga ambabixiyey iyadoo loo diray duullaan ay ku duulayeen cadowga ummadda Soomaaliyeed, in aannu la dirirno cadawyaalka ummaddeenna oo ahaa cudurka, gaajada iyo jahliga.

Duullaankaas ummaddaas faraha badan ay u baxday, waxaa faa'iido weyn ah mahadna leh, guul leh in maanta dhammaantood iyagoo soo guuleystay ay ka soo noqdeen jahaadkoodii kana adkaaday ama mar alle markii ay ugu yaraato dhaawac ballaaran oo aan laga kici karin u geystay cadawgii ummadda Soomaaliyeed ee saddexda ahaa oo horay aan u tilmaannay." Ayuu yiri madaxweynahii.

"Hawshaas taariikhiga ah ummaddii abaabushay, dadkii qorsheynteeda iyo jaangoyadeeda lahaa, ummaddii kormeerka iyo ilaalinta qalad tirka lahayd, dadkii qabanaayey oo isagu gacantiisa kula jiray waxaan odhan karayaa ha gaarto mahadda ummadda Soomaaliyeed guud ahaanteed." ayuu ku soo gabagabeeyey hadalkiisii.

Go'aankii dawladda ma ahayn oo keliya in olole akhris-qoraal la qaadayo, balse in uu jiri doono toddobada biloood ee O.H.R.M. loogu tala galay kadib barnaamij kale oo loogu yeeray Joogteynta Ololaha.

Waxaan halkan hoose ku soo daabacnay xaashidii Faafinta Rasmiga ee ay dawladdii ka soo saartay ololihii iyo joogteyntiisaba, xaashidaa waxay u qornayd sidan:

8

FAAFIN RASMI AH EE JAMHUURIYADDA DIMOQORAADIGA SOOMAALIYA

QAYBTA 6   Cabdiraxmaan Maxamed Abtidoon

FAAFIN RASMI AH EE JAMHUURIYADDA DIMOQORAADIGA SOOMAALIYA

Sannadka 3aad Muqdisho, 31 Disember 1974 L. 4, R. 12
Laanta Faafinta Rasmiga ah ee Madaxtooyada Golaha Sare ee Kacaanka

FAAFIN BIL SOO BAXA

Qiimuhu: waa & shilin lambar waliba — RUKUNKA: sanadii waa Sh. 100 Soomaaliya gudaheeda — dibeddedana waa Shs. 300. Rukunka la weydiisto waqtiga loo gooyay wuxuu ka bilaabmaa } Janaayo, Qiimaha qoritaarku F.R. halkii sadar iyo waxii ka yar waa 2 laba shilin — Rukunka iyo qoritaanku waxaa la weydiistaa Laanta Maamulka Faafinta Rasmiga ah — Lacagta waxaa lagu bixinayaa Xafiiska Canshuraha ee Wasaaradda Lacagta

Guddoonshaha Golaha Sare ee Kacaanka

ISAGOO ARKAY Xaanshada 1aad iyo ta 2aad ee Kacaanka 21 Oktoobar 1969;

ISAGOO ARKAY Ujeedooyinka waaweyn ee ku qoran Xaanshada laad ee Kacaanka ay ka mid yihiin ciribtirka aqoondarridda, kor u qaadidda garadka siyaasiga ah iyo daryeelidda caafimaadka dadka iyo xoolaha;

ISAGOO AQOONSADAY In himilooyinka lagu gaari karo aqoon cilmi iyo waayo aragnimo ka dhisan; taasoo furaheeda yahay barashada farta soomaaliyeed, qorideeda iyo hirgelinteeda ee lagu dhawaagay 1972 sii loo dhiso bulsho Soomaaliyeed oo Caafimaad qabta kuna fadhida aqoon, midnimo iyo sinnaan;

ISAGOO AQOONSADAY TIXNAGELIYAY Go'aanka Golaha Sare ee Kacaanka iyo ka Xoghaayayaasha Dowladda ee ku saabsanaa . Olole in lagu qaado horumarinta Reer Miyiga;

WUXUU SOO SAARAYAA

Sharciga soo socda:

Qodobka 1aad

Si loo hirgeliyo himilooyinka iyo siyaasadda kacaanka waxaa la bilaabayaa olole lagu magacaabay «Ololaha Horumarinta Reer Miyga» (O.H.R.M.) ujeedadiisuna tahay in sii degdeg ah loo daryeelo horumarinta dadweynaha miyiga deggan, taasoo saldhig u ah: ~

1. Jamhuuriyadda Soomaaliya oo qaadatay mabda'a Hantiwadagga, kuna dhaqanta, shicib weynaha soomaalidana boqolkii 70 ay ku nool yihiin tuulooyin iyo xoolo dhaqato yihiin; si himilooyinka kacaanka oo curtay 21 Oktoobar 1969 kuwa ugu waaeeyn oo ah ciribtirka aqoondarrida, daryeelidda caafimaadka dadka iyo xoolaha, kor uqaadka garaadka siyaasiga iyo dhaqaalaha waajibna nogotay in dadweynaha oo idil isla sinnaadaan lana gaarisyo dadweynaha deggan miyiga;

2. Xilkaa oo weyn waajib ku noqotay Dowladda Kacaanka inay taa ku dhaqaaqdo kuna sameyso beddelaad xoog leh habka foosha xun oo ku dhisnaa jiray bulshada Soomaaliyeed waayihii dibusocodaka dalka xukumi jiray, sii loo helo bulsho Soomaaliyeed aaminsan: Mabda'a Aadamiga ah ee Hantiwadagga; sarena u qaado midnimada iyo shucuurta waddaniyadeed

3. Dowladda Kacaanka xil iyo waajib ku noqotay in si dhab ah u hirgeliso siyaasadda kacaanka oo ah "daryeelidda danaha waaweyn ee Ummada, aqoonsiga iyo abaabulidda qiyamka ummadeenna iyo kheyraadka dalka u leeyahayin gun laga gaaro,,kuwaasoo ku qoran Xaashahda 1aad iyo ta 2aad in lagu dhaqaaqo waajib iyo lagamamaarmaan noqotay, Dowladdana in ay dejiso hab wacan lagu fuliyo wixii dan u ah dadweynaha.

Qodobka 2aad

Ololaha Horumarinta Reer Miyiga wuxuu ka koobmaa:
1. — waxbarashada akhrista iyo qoridda farta soomaaliga;
2. — daryeelidda caafimaadka dadka (daaweynta iyo ka hortagga cudurrada);
3. — daryeelidda caafimaadka xoolaha (daaweynta iyo ka hortagga a cudurrada);
4. — tirokoobka dadka iyo xoolaha;
5. — sare u qaadidda wax garadka siyaasiga ee dadweynaha Soomaaliyeed sii loo helo bulsho caafimaad qabta, aaminsanna mabda'a Kacaanka midnimada, qarannimada, sinnanta iyo caddaajadda, ."

Qodobka 3aad

Dadka loo xilsaaray inaay ka qeyb gaataan O.H.R.M. waxay ka koobnaan doonaan:
1. — ardayda;
2. — barayaasha;
3. — ciidamada qalabka sida;
4. — shaqaalaha dowladda iyo wakaaladaha
5. — guulwadayaasha;
6. — shicib weynaha ciddi loo baahdo.

Qodobka 4aad

O.H.R.M. wuxuu bilaabmi doonaa 1da agosto 1974 wuxuuna dhammaan doonaa 22 febraayo 1975.

O.H.R.M, waxaa laga hirgelin doonaa waddanka oo idil, gaar ahaanna tuulooyinka iyo meelaha ay reer miyiga degganyihiin.

Qodobka 5aad

Ololaha Horumarinta Reer Miyiga wuxuu yeelan doonaa Guddiyaal loo xil saaray, dhaqangelinta ujeeddooyinka Ololaha iyo kormeeridda guud ahaaneed,

Guddiyadaas waxaa ay u kala baxsan yihiin sida soo socota:
1. — Guddiga Dhexe ee O.H.R.M.
2. — Guddiga Gobolka

3. — Guddiga Degmada ee O.H.R.M.

Guddiyadaas kor lagu tilmaamay waxay awood u leeyihiin in ay sameeyaan guddiyo hoose oo kormeeriyaal ah.

Waxaa la dhisay Guddi Joogteynta Guulaha O.H.R.M. iyo guddi Tekniko ee ka hoos shaqeeyo oo ay howshooda bilaaban doonto marka uu dhamaado Ololaha Horumarinta Reer miyiga sida lagu tilmaamay qodobka 4aad ee Sharcigan.

Qodobka 6aad

Guddiga Dhexe ee Ololaha Horumarinta Reer Miyiga wuxuu ka koobmaa xubnaha Dowladda ee soo socda:
1. Xoghayaha Dowladda Wasaaradda Waxbarashada iyo Barbaarinta — Guddomiye
2. Xoghaaayaha Dowladda Wasaaradda Caafimaadka — Xubin
3. Xoghaayaha Dowladda Wasaaradda Xoolaha, Dhirta iyo Daaqa — Xubin
4. Agaasimaha Guud ee Agaasinka Qorsheynta — Xubin

Qodobka 7aad

Guddiga Dhexe ee O.H.R.M. wuxuu awood u leeyahay:
1. Maamulidda Sare ee Ololaha;
2. Soo saaridda amarrada idaariga ah ee loo baahan yahay iyo ujeedooyinka Ololaha iyo maamulka toosan ee lagu hirgelinaayo Ololaha;
3. Amarro idaari ah ay ku soo saari karaan Wasaarad ama Wakaalad kasta ee looga baahdo inay ka qeyb gaataan O.H.R.M.
4. Maamulka kharajka ku baxaaya Howlaha Ololaha;
5. Inuu dejiyo habkii lagu maamuli lahaa Guddiga Joogteynta Ololaha Horumarinta

Reer Miyiga iyo Guddiga Teknikada ah ee ka hoos shaqeeya oo lagu tilmaamay qodobka 4aad ee Sharcigan, saldhiggisana noqonayo in waxbarashada la joogteeyo.

Qodobka 8aad

Guddiga Gobolka ee Ololaha Horumarinta Reer Miyiga wuxuu ka koobmaa xubnaha Dowladda ee soo socda:

1. Guddoomiyaha Gobolka — Guddomiye
2. Guddoonshaha Wasaaradda Waxbarashada — Xubin
3. Guddoonshaha Wasaaradda Xoolaha, Daaqa — Xubin.
4. Agaasimaha Caafimaadka ee Gobolka — Xubin
5. Wakiilka Xafiiska Siyaasadda ee Gobolka — Xubin
6. Taliyaha Booliska ee Gobolka — Xubin
7. Mideeyaha Wasaaradda Gaadiidka — Xubin
8. Wakiilka Agaasinka Qorsheynta (halkii uu joogo) — Xubin
9. Taliyaha Qeybta Xooga (Sector Commander) — Xubin

Qodobka 9aad

Guddiga Degmada wuxuu ka koobmaa xubnaha socda:
1. Guddoomiyaha Degmada — Guddoomiye
2. Guddoonshaha Wasaaradda Waxbarashada Degmada — Xubin
3. Guddonshaha Wasaaradda Caafimaadka Degmada — Xubin
4. Guddonshaha W. Xoolaha D. iyo Daaqa ee Degmada — Xubin
5. Wakiilka Xafiiska Siyaasadda ee Degmada — Xubin
6. Taliya Booliska ee Degmada — Xubin
7. Taliyaha Nabadsugidda ee Degmada (halkii uu joogo) — Xubin

Qodobka 10aad

Guddiga joogtaynta guulaha Ololaha Horumarinta Reer Miyiga wuxuu ka koobnaan doonaa:
1. Xoghayaha Wasaaradda Arrimaha Gudaha — Guddomiye
2. Xoghayaha Wasaaradda Waxbarashada iyo Barbaarinta — Xubin
3. Xoghayaha Wasaaradda Caafimaadka — Xubin
4. Xoghayaha Wasaaradda Gaadiidka — Xubin
5. Xoghayaha Wasaaradda Beeraha — Xubin
6. Xoghayaha Wasaaradda Xoolaha Dhirta iyo Daaqa — Xubin
7. Xoghayaha Xafiiska Siyaasadda M.G.S.K — Xubin

Guddiga joogteynta guulaha Ololaha Horumarinta Reer Miyiga waxay la wareegi doontaa masuulna ka noqoneysaa maamulka iyo xilka fulinta howlaha joogteynta O.H.R.M.

Guddiga Joogteynta O.H.R.M waxaa ka hoos shageyn doona Guddi Tekniko ah oo ka kooban hayadaha kor lagu tilmaamay isla qodobkan.

Guddiga Teknikada wuxuu masuul ka noqonayaa fulinta iyo hirgelinta howlaha la xiriira joogteynta Ololaha Horumarinta Reer Miyiga.

Guddiga Joogteynta guulaha Ololaha Horumarinta Reer Miyiga wuxuu ka koobnaan doonaa:
1. Xoghayaha Wasaaradda Arrimaha Gudaha Guddoomiye
2. Xoghayaha Wasaradda W. iyo Barbaarinta Xubin
3. Xoghayaha Wasaaradda Caafimaadka Xubin
4. Xoghayaha Wasaaradda Gaadiidka Xubin
5. Xoghayaha Wasaaradda Beeraha Xubin
6. Xoghayaha W. Xoolaha Dh. iyo Daaqa Xubin
7. Xoghayaha Xafiiska Siyaasadda M.G.S.K. Xubin

Guddiga joogteynta guulaha Ololaha horumarinta reer Miyiga waxay la wareegi doontaa masuulna ka noqoneysa maamulka iyo xilka fulinta howlaha joogteynta O.H.R.M.

Guddiga Joogteynta O.H.R.M waxaa ka hoos shaqeyn doona Guddi Tekniko ah oo ka kooban hayadaha kor lagu tilmaamay ee isla qodobkan.

Guddiga Teknikada wuxuu masuul ka noqonaayaa fulinta iyo hirgelinta howlaha la xiriira joogteynta Ololaha Horumarinta Reer Miyiga.

Qodobka 11aad

Dadka ka qeyb gelaaya Ololaha Horumarinta Reer Miyiga oo gunno gaarka ah xaq u leh waxay u qeybsamaan sida soo socda:
1. Ardayda Gobol kale ha laga soo diro ama Gobolka horay u joogeene.
2. Gulwadayaasha intii loo baahdo.
3. Kormeerayaasha aan Dowladda u shaqeyn, kulligood waxay xaq u leeyihiin in la siiyo maalintii Shs. 2 (laba shilin) oo cunna ah.

Shaqaalaha Wasaaradaha iyo Wakaaladaha u shaqeeya daraja kasta ha lahaadeene waxay xaq u leeyihiin qofkii maalin waliba Shs. 4 (afar shilin) oo gunnada safarka (indennita di missione).

Haddii Guddiga Gobolka ama kan degmada ay u baahato in dad kale oo mas'uuliin ah ay kaga faa'ideysato kormeerka wax baaridda Ololaha dadkaas waa in ay Wasaaradda ama Wakaaladaha ay ka shaqeeyaan ay ka qaataan sahayda habeen dhax ee caadiga ah (indennita' di missione)

Qodobka 12aad

Ololaha geybtiisa caafimaadku wuxuu ka kooban yahay daaweys iyo talaal.

b) Daaweynta waxay koobi doonta:

Cudurrada ayan dadkaasi nasiib iyo garasho midna u helin inay golayaasha caafimaadka ee Gobolka ama Degmada isaga daaweeyaan; qofkii ay cudur weyna kala kulmaan waa ina ay u diraan golayaalka Caafimaadka ee Gobollada iyo Degmooyinka.

t) Tallaalka wuxuu koobi doonaa:

Cudurrada aadamiga ahi isku daarto sida furuqa, qaaxada, cudurrada curyaanka carruurta keena iwm.

Daaweyntu degma waliba ayay ka socon doontaa, talaalkuna Gobol ayuu u socon doonaa ayadoo kooxaha tallalku ay tegi doonaan degma waliba.

Qodobka 13aad

O.H.R.M. qeybtiisa xannanada xoolaha waxaa ay ka koobantahay daaweyn iyo tallaalka xoolaha.

Daaweyntu Degma waliba ayay ka socon doontaa, tallaalkuna Gobol Gobol ayadoo kooxda tallalku ay tegi doonaan degmo waliba.

Qodobka 14aad

Ololaha horumarinta Reer Miyiga qeybtiisa afaraad waa tirada guud ee dadka iyo xoolaha. Habka noolasha dadka Soomaaliyeed wixii tiradooda ku saabsan waxaa guudahaan loo qeybiyay seddex qeybood:

1. Reer magaal ku nool magaalooyinka dalka Soomaaliyeed, magaalooyinkaas oo lagu tilmaamay in ay yihiin: 64 magaalo madax degmo; Muqdishu iyo tuulooyinka ay ku nool yihiin 15.000 qof iyo wax ka badan. Dadka Soomaaliyeed ee magaalooyinka deggan waxaa lagu tirin doonaa guryahooda.
2. Dadka Soomaaliyeed ee ma guurtada ah, beeraley ha ahaadeen ama tuulo joog, waxa lagu tirin doonaa buulooyinka, tuulooyinka iyo meelaha kale ee ay deggan yihiin.
3. Reer guuraaga xoolodhaqatada ah waxaa loo fadhiisan doonaa meelaha biyuhu ku hadhaan wagtiga jiilaalka ah, sida ceelasha,

waraha, berkadaha, durdurraha, laasaska hilooyinka webiyada, kuwa kalana waxaa lagu tagi doonaa meelaha ay deggan yihiin.

Tirada xoolaha, waxaa loo qeybiyay laba qeybood:

1. Tirakoob: ariga, geela, lo'da, ayagoo kala soocaaya dheddig iyo labood;
2. Maguurtada oo ay koobi doonto: Beeraha, iyo wixii kale oo qiimo leh.

Qodobka 15aad

Qof kasta oo ka qeyb gala Ololaha Horumarinta Reer Miyiga loona xilsaaray hawl gaar-ah wuxuu la mid yahay intii howshaas uu haayo qof howsha Qaranka haya oo ka tirsan Maamulka Guud ee Dawladda.

Qodobka 16aad

Qof kasta oo ka geyb qaata Ololaha Horumatinta Reer Miyiga ee howsha isaga xilsaaray si xilkasnimo, waddanimo iyo kacaanimo uga soo Baxa wuxuu ka muteysan doonaa Qaranka iyo Bulshada Soomaaliyeed abaalgud noqon kara «bilad» ama «shahaado sharaf» sida ku tilmaaman Sharciga abaagudka amba wax kale (Lacag ama dallacaad iyo wixii la mid ah).

Abaalgudka la siinaayo qofka waxaa ka talin doona Guddiga Dhexe ee Ololaha Horumarinta reer Miyiga, iyo kan Billadaha bixiya.

Qodobka 17aad.

Qofkii ku dhinta O.H.R.M isagoo gudanaaya waajibkiisa hadduusan horay dawladda uga shaqeyn waxaa loo aqoonsanayaa qof ku dhintay hawshii dawladda.

Qofkii dhaxaltooyadiisa lahaa, dawladda waxay gargaar ahaan u siineysaa lacag dhan Sh.So. 10.000 (Toban kun shilin).

Qofkii dhaawac ku gaaro hawsha O.H.R.M. loona aqoonsaday in dhaawacaasu ku gaaray isagoo gudanaaya waajibkiisa waxaa lagu abaalmarinayaa sharciga badbaadada shaqaalaha lambarkiisu yahay 76, taariikhdiisuna tahay 7 Disember 1972 iyadoo laga reebayo hawlgabka sharcigu dhigaayo.

Qofkii dan ku leh xuquuqda kor ku tilmaaman, sharci ahaanna xaq u leh xuquuqdaas, wuxuu arji u qoran karaa dawladda muddo saddex biilood ah gudaheeda oo laga bilaabo maalinta uu dhamaado O.H.R.M. ee ahaa 22 febraayo 1975. Taariikhdaas kadib xuquuqdaas looma oggolaan karo ciddii soo codsato.

Qodobka 18aad

Ardayga lagu amro inuu ka geyb qaato Ololaha Horumarinta Reer Miyiga ee ka soo bixi waaya howshiisa isagoo la imaanin wax sabab ah waxaa loo aqoonsanayaa inuusan xilkas aheyn, kana baaqday waajibkiisa Wadaniga:ah waxaana ciqaabtii noqoneysaa in: Dugsiga laga eryo iyo shaqada qaranka aan loo oggolaan illaa mudda.4 sanadood, shahaado kasta hala la yimaadee, xataa dibadda ha kala yimaado.

Guddiga Ololaha Horumarinta Reer Miyiga ee Dhexe waxaa awood loo siiyay inuu dhiso Guddi Gaar ah oo tilmaam cad ka bixiya hadba inta uu la egyahay dembiga uu geystay ardaygu ayadoo la tixgelinaayo xog-warranka horjoogayaasha, Guddiyada kale ama Guddiga Kormeerka O.H.R.M. iyo marag kale caddeyn kara xilkasnimo darrada ardaygu oo la doonaayc inaay sugnaato.

Qodobka 19aad

Waxaa tilmaan guud u ah daryeelidda horumarinta Reer Miyiga ee sharcigan loo dejiyay waxyaabaha hoos qoran:

1. Howsha O.H.R.M. ee waddaniga ah qiimo dheerna yeelan doono aayaha dambe ee Ummada Seomaaliyeed, waa in lagu fuliyaa si wadajir ah iyadoo laga ilaalinaayo inyar oo qalloc ah gaar ahaan taabaqaadkeeda hore.
2. Waa in Wasaarad kastaba qeybta ay ku leedahay O.H.R.M. ka bixisaa amarra ku fadhiya, qorsheyn, isuduwid iyo abaabul tifaftiran, waxaana ka masulyihiin fulintooda.
3. Wixii qalab ah ee howlwadennadu u baahan yihiin amba talo ambatilmaan tixgeliyaan amarrada Guddiyada Sare ee O.H.R.M. iyo ujeedada siyaasadda intaba; waa in lagu kaalmeeyaa dadka howsha wada sida kacaanka ujeedadiisa Siyaasiga ah tahay, ama mabda'a Hantiwadaagga ku dhisan tilmaamaayo.
4. Qof kasta waa inuu waddanimo, ahaan qeyb libaax uga qaataa hirgelinta, wada qabashada, daneynta dhameystirka guusha Ieh ee howshaas u yeelan doono iyo Ummadda Soomaaliyeed faa'iido

balaaran oo beddesha dhaqaalaheeda caafimaadkeeda, taclinteeda, dhisina doonta bulsho caafimaad qabta.

Qodobka 20aad

Wax allale wixii kharash ah ee ku baxaaya Ololaha Horumarinta Reer Miyiga waxaa laga bixin doonaa misaaniyadda Dhexe ee Dowladda.

Qodobka 21aad

Sharcigan wuxuu dhaqan gelayaa taariikhdu maray takay 21 Luliyo 1974, waxaana lagu soo saari doonaa Faafinta Rasmiga ah ee Dowladda.

Muuqdisho, 20 Oktoobar 1974.
Jaalle S. Gaas Maxamed Siyaad Barre

9
SUUGAANTII OLOLIHII AKHRIS QORAALKA

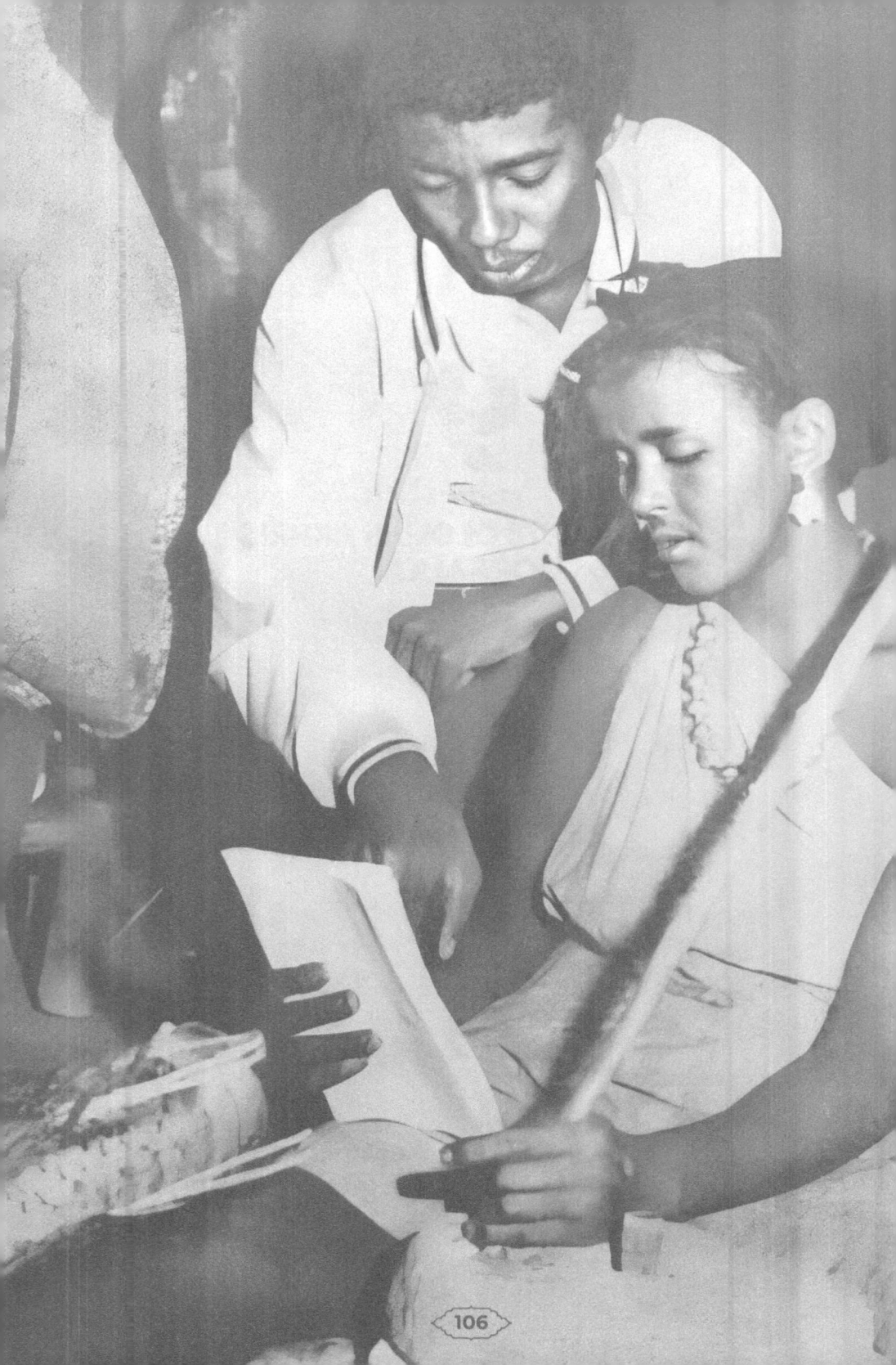

SUUGAANTII OLOLIHII AKHRIS QORAALKA

Niyaddii sarreysay ee ololuhu ku socday waxaa kaalin weyn ka qaatay abwaaniintii iyo hobolladii kooxihii suugaanta qaabilsanaa, kuwaasoo curiyey gabayo iyo heeso aad u macaan lagana dhadhansan karo shucuurtii macalimiintii, ardaydii, waalidiintii iyo hawlwadeenadii kale ee ka qeybta ahaa hirgelinta ololayaashii akhris qoraalka. Idaacadihii dalka ka jiray ayaa maalin iyo habeenba soo saari jiray suugaantaa qiimaha badan. Waxaan halkan hoose idiinku soo gudbinayaa heesihii quruxda badnaa ee waxbarashada, aad bay u fara badnaayeen laakiin intan ayaan ka soo qaadaneynaa.

—001—
WAXBARASHO

Dhaqankii halmaan ku halaabi jiray
Hiddihii lumee soo heli la'aa
Murtidaan hayee hiddo u lahaa
Mar haddaan u helay afkii hooyo oo
La higaadiyoo loo qoray hagaag
Jaahilnimo hadhayee

Hoo qalinka ku hagaaji buugga
Ba'dana hoo tilmaanteed
Hoo tilmaanteeda
Ba'da waxaa la moodaa barbarka midigta
Laba goobo farna lagu beegay
Ta'da waxaa la moodaa ama lagu tilmaamaa
Laba garley taagan
Ja'da waxaa la moodaa lool bidix u jeedoo
Afka u jeeda cirka dhibic lagaga taagay
Xa'da waxaa la moodaa laanqeyr
Xarriijimo isdhaafsan tuugna kaama xadi karo
Da'du qaanso weeyaan docda bidix u jeeddoo
Ra'du way rogrogantaa
Sida raadka gorayada
Waana raaf dheer tahay
Sa'da waxaad ku garataa
dhexdu siriq yar weeyaan
surkeedu iyo salkeedu
midba gees u seexdaa
Ga'du waa giraan aan
afka laysu geynoo
is godeyso weeyaan
Ca'du waxaad ku garataa
bishoo caawa kow ahoo
cawa dhalad ah weeyaan
Fa'da waxaa la moodaa
ulaan sii fuq buurnaynoo
fiicanoo bakoorad ah
farna dhexda ku leedahay
Qa'du waa qool xiranoo
quntintu hoosta qabataa
Ka'du waa kabaa uun
kolmo kala yar jeedaa
dhexda kala kulmaane
miyaa laguba kahayaa
La'du liid yar weeyoo
salku midig u leexdee

ma luntee ha moogaanin
aan maqlee Ma' ii sheeg
Ma'du way malmalantaa
xaglo miiran weeyaan
madax laba deryaaliyo
mijo saddex ah leedahay
Na'du way noqnoqotaa
saddex nabar is laabtaa
Wa'du waxaa la moodaa
waab labada geesood
warmo lagaga joojiyey
Ha'du laba kabaaloo
is hareera yaaloo
dhexda xarig isu hayoo
hubaalaa la moodaa
Ya'duna heensa raar weeyaan
hamsadina ciddi yar weeye
A'du laba xariiqoo
afka leysku geeyoo
dhexda oodan weeyee
E'du waxaad ku garataa
afka midig u jeediyo
saddexdeeda ilig
I'du alif yar weeyee
dhibicdana ha ka ilaawin
O'du goobo weeyaan
U'du unugga saabka
usha ugu dhexeysey u eg tahay
S+H =SH, D+H=DH, K+H=KH

—002—
SHIBBANAHA HA MOOGAAN

Sharaf lagu hawaawiyoo
Iyo himilo shaacdoo

Wixii shalay ku dhaafiyo
Shiileysa taariikh
Shishe kaa galbeed jira
Iyo kaa shan gooyada
Iyo kaa dab kuu shido
Ka arkeyso sheedada
Qalinka ugu sheekee
Shilalkooda garadsii
Danta lagama sheexee
Sharax iyo higaad iyo
Tobankeena shaqal iyo
Shibbanaha ha moogaan
***
U sheeg dadweynaha
In la shiilay hadalkoo
Laga soo shaqeeyoo
Waayeel ka shirayoo
Shanta diin islaam iyo
Sharcigaa Ilaahay
Shiddo aanay u lahayn
Dabadhilif shisheeyaha
Shaarkooda qaatoo
Ina sheeganaayaa
Ololaha inoo shidan
Shilin dhaafsanaayee
Iska jira sharkiisoo
Danta lagama sheexee
Sharax iyo higaad iyo
Tobankeena shaqal iyo
Shibbanaha ha moogaan

—003—
ISHII BUKTAAY KU BIKAACSO

Ishii buktay ku bikaacso
Waa taa barbaartii dagaalka u baxdiyo
Baabi'isay cadowgee ishii buktaay ku bikaacso
Kii u bogayow waa baayadaada
Kii ka baahayow waa baaba'aaga
Barwaaqeynta beeshiyo
Barashada farteenuye
Ishii buktaay ku bikaacso
Waa baraan baristii ka beegsintiisa
Waa mugdiga ka soo bixiisa
Waa Soomaali baraaraheeda
Ishii buktaay ku bikaacso

—004—
HOODAALE

Ma halladay
Ma hirgalay
Ma hantinay
Afkeenii hooyo
Hilinkii wacnaa iyo
Waddadii heloonee
Wixii nagu habboonaa
Maantaan haleelnee
Hoodaale waa aniga
Haddaan haysto qalinkee
***

Afka hooyo
hodan weeye

Iyo haybad
Oo lagu harraad baxo
Hawadiyo itaalkiyo
Nafta waw hureynaa
Hanfidii iyo kuleylkiyo
Maantaan hilmaanee
Habeen dhaladna
Waa aniga
Haddaan qoray higgaadee

—005—
HAKA TEGINA BARASHADA

Tiro ariya iyo geel
Tooga beel ma noqotee
Wax ka dheer ma tiigsado
Ruux ka tegey qoraalkee
Ma tirsana adduunyada
Ninkaan lagu tixgelinine
Waanu idinla talinee
Ha ka tegina barashada
***

Tisqaad ma leh aqoontaan
Lagu kabin tacliintee
Taageero qalinka
Inay tahay ogaadoo
Waanu idinla talinee
Ha ka tegina barashada

—006—
DHALLINYAHAY WAXAA INOO BALLAN AH

Ardayahay baxdee
Waddanka u birmaday
Waxa inoo ballan ah
Ilaa dhowr bilood
Dadka baadiyaha
Farta soo bartaan
Ku beertaan cilmiga
Aad soo baxnaanisaan
Cudur laga bogsado
Jahli baaba'aa
Gaajana baxdaa
""

Ubadyahow baxee
Waddanka u birmaday
Berri waxaad tihiin
Bulshadii waqtiga
Bayda u hayee
Loogu baaqayee
Ku ballama inaad
Isbahaysataan
Nolol baafisaan
Badisaan kartida
Barwaaqana degtaan
***

Dhallinyahay baxdee
Waddanka u birmaday
Waxaa inoo ballama
Ilaa dhowrka beri
Baahi iyo oon
Dhib u beer dhigtaan
Barataan hiddaha

Beelaha miyiga
Iyagana bartaan
Jahli waa belee
Siyey uga baxaanee
***

Ubaxyahow baxee
Waddanka u birmaday
Waxaa inoo ballama
Xoog is biirsadoo
Buug baa la furay
Lagu baratamee
Abaal bixinta iyo
Billadaha hadhow
Yaan lagaa badininee

—007—
DHADHANSO

Baraha dadka wax u dhigayow jaalle
Ka dhaadhici
Ardayga loo dhigayow u fiirso
Dhug iyo fiiro u yeelo
Ku dhaqso waa farteeniyee
Dhadhanso waa macaane

***

Farteenaa la dhigay
Maalintii lagu dhawaaqaayey
In dhulkeena baadiyo iyo balad
Dheydu wada gaadho
Dhammaan inaan akhrinno
Oon dhignaa laysku dhaarsadaye
Dhaqsada reer miyiyow
Reer baladku yuu idinka dheereyne

***

Dhallintii magaalad fadhiday
Dhallinyartii joogtay
Weliba garasho dheeriya lahaa
Kana dhaqaaqeysay
Kuwii dhigayey, kuwii dhiganayey
Iyo kuwii dhameystoo dhan
Dhaqtarrada dadka iyo xoolahaba
Dhaya xanuunkooda
Dhulka iyo kuwaa beeraha
Dhab u daweynaaya
Dharka iyo dhuunigaa baxayo
Iyo dheemantii lacagta
Baabuurta dhalandhoolka ah
Ee dhagaxa jiireysa
Intaasoo dhan waxaa loodiray
Oo dhamacda loo jiiray
Dhayal maaha oo idinkaa
Dartiin loo dhib galayaaye
Dhaqsada reer miyiyow
Baladku yuu idinka dheereyne

—008—
BARASHO

Bani'aadamkuba
Bilowgiisii hore
Wuxuu baahi qabay
Barasho iyo horteed
Inuu kaga bogtee
Baaqeenu waa
Barashada dadweynahoo
La baahiyoo la ballaariyee
Ballanteenu waa 100%

Buugga iyo qalinkoo
Lagu baratamee
Kaskaaga ku biirso barasho
Bahdaada la qeybso barasho
Ku beegso da'daa barasho
"

Bilicsamiga cilmiga
Naftaa lagu bilaa
Barwaaqada dalkana
Baafiyaa iyo beydida
Lagu baafiyaa
Baaqeenu waa
Bulshadeenoo
Aqoon baahideed
Laga baaba'shee
Ballanteenu waa
Oday boos ah iyo
Habar baariyaaba
In la wada bartee
Kaskaaga ku biirso barasho
Bahdaada la qeybso barasho
Ku beegso da'daa barasho
"

Bahalaha saddexan
Ee beesha dilaa
Baradeena ah
Ka boqoolinee
Bisinka u qabta
Baaqeenu waa
Baahi iyo bukaan
Iyo balo madow
Laga wada bogsado
Ballanteenu waa
Boqolkiiba boqol
Sacabada oo
Lagu oon baxaa
Kaskaaga ku biirso barasho

Bahdaada la qeybso barasho
Ku beegso da'daa barasho

—009—
BARASHADA FARTA

Intii baadi doonkiyo Baarbaaristeedee
Hadba buuga laalaa Baryo nalagu siin jiree
Kabaxnoo adduunyada Waan la baratameynaa
Baga, fartayada waa naloogu baaqee baga
Fartayada waa naloo bilaabee, baga
Fartayada waanu barangay manatee, baga
Sida biyaha qurqurinee, baga
***

Sidaan ugu baahneyn waa la soo bandhigayoo
Badi lagu dhawaaqaa lagu boobay qalinkee
Dadkii baa bogsadayoo farxad lala badhaadhee
Baga, fartayada waa naloogu baaqee baga
Fartayada waa naloo bilaabee, baga
Fartayada waanu barangay manatee, baga
Sida biyaha qurqurinee, baga

—010—
BALOOLEY

Beelaha miyiga barwaaqiyo horumar baa loogu baaqayaa
Tacliin baa la barayaa aqoon ballaaran baa lagu baahinayaa
Farteena baaxadda lahaa loo bayaaniyayaa
Si yey uga baxaan baahida jahliga Cilmi badan u yeeshaan
Balooley balooley waa bishaaree balooley
Ama bar ama baro yaan lagaa badine
Beelaha miyiga barwaaqiyo horumar baa loogu baaqayaa
Bukaanka loo diidayaa jirra ku beerantaa laga baajinayaa

Beerta iyo xoolahoodaa loo badbaadinayaa
Si yey uga baxaan cudurrada barriqsada Dhibta uga bogsoosaan
Balooley balooley waa bishaaree balooley
Ama bar ama baro yaan lagaa badine

—011—
TAA MA BARANAA

Tirakoobka loo dhigo Taariikhda waayaha
Toban weeye shaqalladu Way kala tafiirmaan
Shani waa tira gaab Ta, Te, Ti, To, Tu
Shanna waa la taagaa Tilmaan midiba leedahay
Taa, taa ma baranaa
Tii, tii ka soo tagnay
Tuu, tuu tab iyo sooyaal
Too, too ayey tahay

***

Todobkiyo abaaraha Xilliyada tisqaadka leh
Toban weeye shaqalladu Way kala tafiirmaan
Shani waa tira gaab Ta, Te, Ti, To, Tu
Shanna waa la taagaa Tilmaan midiba leedahay
Taa, taa ma baranaa
Tii, tii ka soo tagnay
Tuu, tuu tab iyo sooyaal
Too, too ayey tahay

***

Tusmadoo la gaaro iyo Towskoo la reebaa
Toban weeye shaqallagu Way kala tafiirmaan
Shani waa tira gaab Ta, Te, Ti, To, Tu
Shanna waa la taagaa Tilmaan midiba leedahay
Taa, taa ma baranaa
Tii, tii ka soo tagnay
Tuu, tuu tab iyo sooyaal
Too, too ayey tahay

—012—
BIRMAD

Ardaydii baxdiyo barayaasha iyo
Dadka loo bogee baadiya qabtow
Birmad baa tihiin cudur baaxad weyn baabi'inee
Ha ka baqin shibbanaha
Ha baal marin shaqallada
Ha beeneyn qodobbada
Allow bilcisan iyo barwaaqo

EREYTUS

A

Aadan Xasan Aadan, 64, 72
Aadan Xasan Aadan Belelo, 64
Aaden Cabdulle Cismaan, 55
Aaden Maxamed Cali, 87
Aasiya, xxv
Abbaay Siti, 21
Abbay Sittidey, 22
Abdalla Omar Mansur, 76
Abdi, 69
Abdirahman A. Hashi, 69
Abdirahman Ahmed Mohamed, 77
Abdirahman M. Abtidon, iv
Abdirizak, 67
Abdulahi Mukhtar Hussein, 66
Abdulghani Gouré, 71
Abdulkadir Khalif Hashi, 78
Abdulqaadir F. Bootaan, 65, 73
Abille, 66
Abraham, 70, 74
Abuubakar Xaamud Sokorow, 58
Abuukar Sheekh Maxamed Foodcadde, 42
Abwaan, ix, 68
Adam I, 68
Aden, 46, 57, 67
Aden Cabdulle, 46, 57
Aden Cabdulle Cismaan, 57
Advanced English, 67

Af, xxv, xxvi, xxvii, 14, 22, 44, 48, 53, 64, 65, 68, 69, 71, 72, 73, 75, 82
Af Soomaali, xxv, xxvi, xxvii, 22, 44, 48, 53, 64, 65, 71, 72, 73, 75, 82
Af Soomaaliga, 22, 44, 48, 53, 64, 65, 72, 73
AFIS, 52
Afka, xiv, xxviii, 5, 7, 19, 41, 53, 64, 65, 73, 76, 77, 108, 111
Afka Soomaaliga, xiv, 5, 41, 64, 65, 73, 76
African Triangle, 76
Afrika, xxv, xxvi, 5, 6
Afrikaan, 48
Afro, xxv
Agostini, 71
Agow, xxv
Ahmad, 67
Ahmed, 30, 69, 70
Ahmed F, 70
Ahmed M, 69
Akadeemiyaha Dhaqanka, 65, 73, 76
Akademiyada Cilmiga Fanka, 51
Åke Viberg, 77
Al Azhar, 30
Al-Ahraam, 54
Alessandria, 25, 72
Alfred Holder, 71, 75
Alger, 75
Ali, 66, 69, 70
Ali Ahmed, 66
Ali Muhamad, 69

Alif, 20, 52
Amazon, 71
Amharic, 65, 73
Amsterdam, 74
Amtscentret, 74
Amxaari, 64
Andrzejewiski, 32
Angered, 66
Aniga, xix
Annarita Puglielli, 64, 72, 76
Annie Nielsen, 77
Ansell, 69
Anthony Mariano, 38
Arabic, 32
Århus, 74
Armstrong, vii, 36, 77
Ås, 66
Asiatic, xxv
Asis Muhumed, 69
Asmara, 72, 74, 76
Authorhouse, 67, 68
Aw Barkhadle, vii
Aw Jaamac Cumar Ciise, 49
Awde, 67
Awil Ali, 69
Axmed, xiv, 20, 26, 28, 30, 42, 45, 50, 51, 52, 58, 76
Axmed Al Kawnayn, 20
Axmed Bahudiin, 58
Axmed Cali Abokor, 50
Axmed Cartan Xaange, 50
Axmed Maxammad Sulaymaan, 76
Axmed SH. Xasan, 52

B

Baglioni, 52
Bahda Kushitikada, xxv
Bakool, 21
Balad Weyne, xvii
Balcad, 42
Baraawe, 21, 22
Barawi, vii, 21

Barbaarinta, 98, 99, 100
Bare, xxv, 63
Bare Sare Cabdalla Mansuur, xxv
Bare Sare Morgan Nelson, 63
Bariga Afrika, 20
Bariga Dhexe, xxv
Bariga Suudaan, xxv
Barkhadle, 20, 32, 69
Basic Vocabulary, 70
Bd Printers, 65, 73
Beginning English, 69
Beja, xxv
Beltsville, 78
Benadir, 75, 76
Benvenuto Francesco, 58
Benvenuto Francesco A. Isaaq, 58
Berber, xxv
Berbera, 15, 75
Berlin, 75
Biologian, 67
Bogumil Witalis Andrzejewski, vii, 37
Bombay, 75
Bonn, 70
Books, 68, 75
Booland, 37
Boorama, 25, 28
Boortaqiiska, 5
Boosaaso, 42
Bricchetti, 72, 76
British Library, iv
British Somaliland, 14, 38
Bruno, 59, 75
Bruno Banza, 59
Burco, 15, 44
Buske, 70
Buug, 114
Byculla Press, 75

C

C. Kirk, 77
Ca, 52
Cabdalla Cumar Mansuur, xxv, 64, 72

Cabdi Aaden Abtidoon, 58
Cabdi Daahir Afey, 50
Cabdi Maxamed, 71
Cabdirashiid Cali Sharmaarke, 56
Cabdiraxmaan Cabdulle Dirir, 58
Cabdiraxmaan Faarax Guri Barwaaqo, 13
Cabdiraxmaan Maxamed Abtidoon, xv, xxi, xxiv
Cabdiraxmaan Maxamuud Xuseen, 58
Cabdiraxmaan Nuur Xirsi, 49, 50
Cabdirisaaq, 46, 48, 56, 57
Cabdirisaaq Xaaji Xuseen, 56
Cabdisalaan Xasan, 58
Cabdullaahi Ardeeye, 50
Cabdullaahi Ciise, 55, 56
Cabdullaahi Ciise Maxamuud, 55
Cabdullaahi Xaaji Abuubakar, 50
Cabdullaahi Xaaji Maxamuud, 50
Cabdulqaadir Bootaan, 64
Cabdulqaadir Faarax Bootaan, 51
Cabdulqaadir Xaaji Cali Xaaji Axmed, 67
Cabdulqani Guure, 71
Cabduraxmaan C. Oomar, 70
Cadale, 27
Caddow Sheekh Cali, 42
Cafar, xxv
Cali Sheekh Cabdillaahi, 42
Cali Sheekh Jirde, 38
Cali Xaaji Yuusuf, 58
Cambridge, 74, 75
Cambridge Library Collection, 75
Cambridge University Press, 74
Cappelen Damm, 66
Carabi, 15, 56, 64
Carocci, 71
Casa Editrice Mediterranea, 76
Ceelbuur, 23
Ceeldheer, 34
Cerulli, 21, 22
Chadic, xxv
Christel, 74
Christophe, 71
Cigaal, 46
Cinzica Poletti Turrin, 71, 72

Cismaan Cabdi, 66
Cismaan Dubbad, 36
Cismaan Yuusuf, xiv, 6, 15, 22, 23, 24
Cismaan Yuusuf Keenadiid, xiv, 6, 15, 22, 23
Cismaaniya, 7, 22, 23, 24, 28, 43, 51
COE, 65
Cologne, 69, 74
Concise Somali Medical Dictionary, 67
Corriere, 7, 8, 9, 52, 56
Corriere Della Somalia, 8
Covid, xxix
Cumar Aw Nuux, 50
Curl Long, 59

D

D R Castagno, 59
D. Heck, 70
Daaqa Xubin, 100
Dabadheer, xix
Daghøjskolen, 77
Dahabo Faarax Xasan, 50
Danish, 66, 74, 77
Danish Tarber, 74
Danjire Shariif Saalax Maxamed Cali, 49
Dansk, 66
Danta, 110
David Solti, 58
De Larajasse, 70, 75
De Sampont, 75
Demand, 75
Deutsch, 70
Dhamme J, 15, 35
Dhirta, 98, 99
Dictionnaire, 71
Dictionnaire Français, 71
Die Somali Sprache Vol, 71
Dighil, 75
Diin, 45
Diriye, 67
Disember, 95, 102
Dizionario, 70, 71, 72

Dizionario Somalo, 72
Djibouti, 64, 72
Dolve, 66
Dowladda Kacaanka, 96
Dowladda Soomaaliya, 46
Dr. Badal Institute of Linguistics, 72
Dr. Nilsson, 64
Dr. Puccioni, 52
Dr. Xussein Sh. Axmed, 28
Dr. Yuusuf Xirsi Axmed, 50
Dragør, 64, 72
Dunwoody Press, 68, 69, 74

E

Eastern Africa, 74
Edizione Grafiche A. Carcano, 71, 72
Elena Z, 74
Elisabeth, 66
Elisabeth Ellingsen, 66
Ellingsen, 66
En, 74
England, iv, 38
Englisch, 70
English, 67, 68, 69, 70, 71, 74, 75, 76, 77, 78
English Dictionary, 67, 68, 70
English Somali Dictionary, 67
English Vocabulary, 75
Enrico Cerulli, 13, 23, 59
Eritreeya, xxv, xxvi
Essai, 71
Etiopien, 68
European Publications, 68
Everyday Contexts, 67

F

Faarax, 69, 71
Fagbokforlaget, 66
Far Borma, xiv
Far Cismaaniya, xiv
Far Kaddare, xiv

Far Soomaali, 24, 26, 28, 45
Far Wadaad, 35
Farah, 68, 69, 71
Faransiis, 64, 71
Faransiis Paris, 71
Farnborough, 75
Fartan, 26
Ferrand, 75
Fiinish, 67
Filibiin, 34
Finish, 64
Finland, 67
Finn Lectura, 67
Finnish Elmi, 67
Fiqi Educational Materials, 68
Fiqi Press Ltd, 69
Firenze, 65, 73, 75
Författares, 77
French, 68, 71, 75
Frowde, 75
Funaioli, 70, 71

G

G. Banti, 14
Gaajana, 113
Gaashaanle Cabdirisaaq Maxamuud Abuukar, 48
Gabriel, 75
Gadabuursi, xiv
Gadabuursiya, 25
Gahayr, 50
Galla, 72
Gangemi, 71
Garanuug, 6
GASS, 41
Geez, 65, 73
Geography, 69
Georgi Kapchits, 38, 65, 73
Gerd, 66
German Berchem, 75
German Farah, 70
Giorgio, 21, 22, 75

Giorgio Banti, 21, 22
Giovanni, 72
Giriigga, 34
Giugliano, 70, 71
Gobol, 89, 100, 101
GOGOLDHIG, vii, xvii
Golaha Sare, 95
Gölin Kaurin, 66
Gölin Kaurin Nilsen, 66
Gothenburg, 63
Grammaire, 75
Grammar English, 78
Grammatica, 75, 76
Grammatik, 75
Grammatische Analysen, 74
Gregg, 75
Gudbrand, 74
Guddoonshaha Golaha Sare, 95
Guled, 66, 67
Gulwadayaasha, 100
Guuleed, 66
Guush, 32, 37, 38

H

Ha, xxix, 112, 119
HAAN Associates, 76
Haatan, 16
Habaar, xxix
Hababka, xxvi
Habar, 116
Habban, 15
Habban Wacays, 15
Habeen, 112
Habka, 53, 77, 101
Habkaasi, xv
Habkan, 54
Hadba, 117
Haddaad, 90
Haddaan, ix, 55, 111, 112
Haddaba, 6, 64
Haddii Guddiga Gobolka, 100

HAKA TEGINA BARASHADA, viii, 112
Hal, 65, 72
Hamburg, 70
Hamiti, xxv
Hantiwadaagga, 34, 103
Hants, 75
Harar, 20, 25
Hardback, iv
Hargeysa, 42, 45, 88, 90, 91
Hashi, 65, 68, 69
Hassan, 65, 66, 67
Hawaas, xxviii
Helicopter, 88
Helsinki, 67
Herning, 66
Hindiya, 5, 87
Hippocrene, 67, 68
Hobyo, 23
Hobyo Suldaan Cali Yuusuf Keenadiid, 23
HORDHAC, vii, xxiii
Hunter, 75
Husby, 74

I

I, 22, 31, 56, 58, 69, 70, 77
I M Lewis, 58
I. Galaal, 77
Ibraahim Xaashi, 29, 51
Ibraahim Xaashi Maxamuud, 51
Ibrahim Hersi Aden, 70, 71
Ibs Books UK, 67
Idaajaa, 9, 31, 70
Idiom Dictionary, 68
Iftiin, 68
Iftiin Publishers, 68
Iftiinka Aqoonta, 30, 31
II Wörterbuch, 71
III. Grammatik, 75
Iikar Baana Xaddaad, 50
Impariamo, 65

INCAS, 34
Indian Antiquary, 35
Indoniisiya, 9
Ingebjørg, 66
Ingiriis, 69
Ingriis, 69
Insaaniya, 50, 52
Institut, 71
Institute, 70
Instituto Poligrafico, 25
International Phonetic Alphabet, 47
Introduktion, 74
IPA, 47
ISBN, iv, 65, 66, 67, 68, 69, 70, 71, 72, 73, 74, 75, 76, 77, 78
Islamic Quarterly, 33
Istituto Agronomico, 69, 70, 71
Istituto Per L, 23
Iswedhish, 65
Iswiidhan, 63
Italiano, 72
Italy, 25
Iroobiya, xxv, 5, 7

J

J Tubiana, 45
J Tubiano, 46, 47
Jaadig, xxv
Jaalle S. Gaas Maxamed Siyaad Barre, 104
Jaamacadda Ummadda Soomaaliyeed, 34, 76
Jabbuuti, 64, 72
Jama, 30
Jamhuuriyada Jabuuti, 51
Janaayo, 95
Janne Grønningen, 66
Jarmal, 59, 64
Jarmalka, 58
Jarmila A Hashi, 73
Jasiiradda Carbeed, 5
Jawaahir Cabdala, 69
Jawahir Abdulla, 69

Jeanne Coutini, 59
Jeedal, xxviii
Jennaayo, 88
Jibuuti, xxviii
Jigjiga, 68
Jiim, 52
John, 59, 74
John Benjamins, 74
John Drysdale, 59
John Ibrahim, 74
Joogteynta Ololaha, 91, 98
Jörg, 69, 75
Jörg Berchem, 69
Jorunn Fjeld, 66
Joseph Pia, 59
Jubbada Sare, 21
Juqraafi, 69

K

Kaddare, xiv, 26, 27, 28, 42, 50, 51
KADDARE, 27
Kaddariya, 26, 28, 51
Kaiserlische, 71, 75
Kaiserlische Akademie, 71
Keenadiid, 6, 22, 24
Keenya, xxvi
Kegan Paul, 70, 75
Kensington, 68, 69, 74
Kenya (NFD), 51
Keynan, 68
Khaalid CaliGuul, 64, 72
Khaliif Suudi, 42
Khamiis, 24
Khoisan, xxv
Khushitika, xxvi
Khuush, xxvi
King, 35, 58
Kirk, 74, 75
Kirsti Mac Donald, 66
Kitchener, 69
Klar, 66
Kob, 25

Köln, 75
Korpela, 67
Korshel, 68
Kort, 65, 74
Kultur, 77
Kushitig, xxv
Kushitiga Bari, xxv
Kushitigga, xxv, xxvi
Kusmin, iv

L

L. Robecchi, 76
LA Diriye, 67
Laatiin, 29, 45
Ladane, 42
Lafoole, 76
Latin, 70
Le Monnier, 75
Lee Reinisch, xxvi
Leicester, iv
Lester, xvi
Librairie C. Klincksieck, 71
Liibiya, 87
Liliam Armstrong, 58
Lilias Armstrong, 37
Lineamenti, 75
Linguistic Commission, 44, 45
Linguistics, 75
London, 36, 37, 38, 67, 68, 69, 70, 74, 75, 76
London Oriental and African Language Library, 74
Londre, 75
LOOH PRESS LTD, iv
LoohPress Maxamed Cabdullaahi Cartan, xxi
Luliyo, 104

M

M. Giovanni, 76
M. Nilsson, 78
M. Osman, 68, 69
M. Simonetta, 70, 71
M. Sulaymaan, 77
M. Waasuge, 77
Maarso, 45, 88, 91
Maayga, 21
Macaani Mohamed Hassan Elmi, 66
Macallin, ix, 25, 27, 37, 53
Macallin Guush, 25, 37
Machadka Affafka, 64, 72
Madaxweyne Aden Cabdulle, 55
Madaxweyne Maxamed Siyaad Barre, 91
Madbacadda Qaranka, 65, 73
MAHADNAQ, vii, xxi
Maino, 72
Manchester, 56
Manio, 25
Manne, 66
Mansuur, 77
Manual of Sentences, 75
Mareykan, 59
Maria, 25, 71, 72
Maria Teresa, 71, 72
Mario Maino, 59
Mario Martino, 75, 76
Mariska, 65, 72
Martin Orwin, 67
Martino Moreno, 59
Mary Ansell, 77
Maryland, 78
Masar, 7, 54, 87
Maxamed, xvi, 14, 15, 22, 33, 35, 50, 53, 56, 58, 71, 76, 87
Maxamed Cabdi Makaahil, 33
Maxamed Cabdulaahi Cartan, xvi
Maxamed Cabdulle Mayaale, 15
Maxamed Cumar Jaamac, 58
Maxamed Ibraahin Cigaal, 56
Maxamed Nuur Caalin, 50
Maxamed Sh. Xuseen, 50
Maxamed Shariif Maxamuud, 58
Maxamed Shire Maxamed, 50
Maxamed Siciid Samatar, 58
Maxamed Siyaad Barre, 87

Maxamed Xaaji Xuseen Raabbi, 76
Maxamed Xasan Aaden, 50
Maxamed Yuusuf Aden, 58
Maxamuud Cabdul Muncim, 58
Maxamuud Jaamac, 42
Maxamuud Saalax Ladane, 42
Maxmiyadii Ingiriisiga, 26
McKay, 70
Meeday, xxvii
Melun, 71
Mennonite Board, 74
Midowgii Soofiyeedka, 30
Milano, 65, 71, 72
Minozzi, 71, 72
Mire, 67
Missione Catholique, 75
Missione Cattolica, 72, 76
Mogadiscio, 70, 71
Mohamed Ali, 67
Mohammed Sh. Hassan, 65, 73
Mohamud, 68
Monolingual Dictionaries, 72
Moreno, 22, 25, 75, 76
Moreno Mario Martino, 25
Morgan, 74
Mr. Sykes Thomas, 52
Mubarak, 67
Mudane Cabdirashiid Cali Sharmaarke (AUN), 41
Mudane Cabdullaahi Ciise, 9, 56
Mudane Cabdullaahi Ciise Maxamuud, 9
Mudane Cali Garaad Jaamac (AUN), 41
Mudane Muuse Galaal, 52
Muhamed Abdulahi A, 66
Muqdisho, iv, 6, 8, 27, 28, 29, 30, 32, 34, 35, 52, 65, 70, 72, 73, 77, 88, 89, 95
Muqdishu, 53, 101
Muro, 58
Mustafa Sheekh Xasan, 42
Mustafe Sh. Xasan Cilmi, 50
Mustafe Sheekh Xasan Cilmi, 32
Muuse, vii, 15, 29, 30, 32, 34, 37, 38, 41, 49, 53, 58, 77
Muuse Galaal, 34, 38, 53

Muuse H, 77
Muuse Xaaji Ismaaciil Galaal, vii, 15, 30, 32, 37, 49, 58

N

Nairobi, 64, 72, 74
National Scripts, 24
Naturfagordliste, 66
Nawii, 22
Naxwaha, 63, 76, 77
Naxwaha Af Soomaaliga, 76, 77
Naxwaha Afka Iswiidhishka, 77
Naxwaha Iswiidhishka, 77
New Delhi, 68
New Student Dictionary, 68
New York, 67, 70
Nicholas, 67
Nicolino Mohamed, 58
Niger, xxv
Nilo, xxv
Nilsen, 66
Nilsson, 65, 74
Nofember, 41
Norderstedt, 75
Norge, 66
Norsk, 66
Norweeji, 64
Norwegian Klæstad, 74
Norwegian Lexin, 66
Nuur, 66, 68
Nuur Khaliif Xaashi, 68
Nuur Konsulent Service, 66
Nuutinen, 67

O

Ocella, 25
October, 28
Oktoobar, 41, 48, 95, 96, 104
Olaf, 74
Ololaha Horumarinta Reer Miyga, 96
Olole, 45, 96

Omar Ali Nuur, 70
Omer Haji Bile Aden, 76
OMIMEE Intercultural Publishers, 69, 75
Omotic, xxv
Ontario, 69
Oriente Moderno, 23
Oromo, xxv
Oslo, 74
Osman, 66
Ottawa, 68
Oxford, 38

P

På, 66
Panza, 75
Paris, 71
PDF AT UNIVERSITÀ DI ROMA TRE, 65, 69, 70, 71, 72, 73, 75, 76, 77
PDF AT UNIVERSITÀ DI ROMA TRE Henri, 71
PDF AT UNIVERSITÀ DI ROMA TRE Philibert, 71
PDF AT UNIVERSITÀ DI ROMA TRE Piccoli, 71
Petit, 71
Philadelphia, 74
Phrasebook, 67, 68
Pieni, 67
Poland, 37, 58, 59
Practical Grammar, 75, 77
Press, iv, xiii, xvi, 64, 72, 74
Primo, 71
Probably, 71
Prof A. Negratto Cibisio, 58
Prof B W Andrzejewski, 46
Prof Mario Villoresi, 58
Prof Martino Mario Moreno, 58
Prof. Cabdalla Mansuur, xxvi
Prof. Ibraahim Xaashi, 28
Prof. Raffaele Joppi, 52
Publication (CIP), iv
Publishers and Distributers, 68
Puglielli, 71, 77

Q

Q, 1, 24, 31
Qaadi, 26
Qaahira, 30
Qaamuus, 64, 65, 66, 67, 68, 70, 71, 72, 73
Qaamuus Af Soomaali, 71
Qaamuus Caafimaad, 67
Qaamuus DeenishSoomaali, 66
Qaamuus Faransiis, 71
Qaamuus Ingirisi, 68
Qaamuus Soomaali, 66
Qaamuus SoomaaliDeenish, 66
Qaamuuska, 64, 65, 66, 67, 68, 69, 72, 73
Qaamuuska Afka IswiidhishkaSoomaaliga, 66
Qaamuuska Iswidhishka, 65
Qaamuuska Maahmaahyada Soomaaliyeed, 65, 73
Qaamuuska Yaasiin, 64
Qaramada Midoobay, 8, 46, 53, 55, 56, 90
Qaramada Midoobay UNESCO, 53
Qasiiddadii, 21
Qoorsheel, 68

R

R. Firth, 37
Raadiyo Hargeysa, 88
Raadiyo Muqdisho, 28, 88, 90, 91
Rashiid Khaliif, 68
Reale Societa Geografica Italiana, 76
Reer Miyiga, xv, xvii, xix, 91, 96, 97, 98, 99, 100, 101, 102, 103, 104
Referenzgrammatik, 75
Reinisch, 71, 75
Remisch Austrian, 59
Robecchi, 72

Roble, 70
Rogrogga Ereyga, xxviii
Roma, 23, 64, 71, 72, 75, 76
RomaTrE, 64, 72
Roomaaniya, 34
Roy Clive, 70
Rüdiger Köppe, 74
Russian, 72
Russian Алейников С, 72
Ruush, 64

S

S Hassan, 65
S King, 15, 35
s. Nyutgåvor, 74
S Strelcyn, 45, 46, 47
Sa, 52
Saalax Xaashi Carab, 64, 72
Saam, xxvi
Saciid Warsame, 70
Saeed, 74
Safari World Entertainment, 68
Saho, xxv
Sahran, xxv
Sampont, 75
Samuli, 67
Sanakirja, 67
Sanasto, 67
Sawaaxili, 64
Sayid Maxamed Cabdulle Xasan, 15
Saynis, 69
Scansom, 65, 68, 73
Scansom Publishers, 65, 73
School of Oriental and African Studies, 37
Science, 69
Scuola Orientale, 75
Sector Commander, 99
Semitic, xxv
Semitig, xxv
Sh, 13, 28, 49, 50, 51, 95, 102
Sh. Ibraahim Xaashi Maxamuud, 49

Sha, 52
Sharaf, 109
Shariif Saalax, vii, 34, 49, 50, 53
Shariif Saalax Maxamed Cali, vii, 34, 49
Sheekh Awees, 21, 22
Sheekh Cabdiraxmaan, xiv, 25, 26
Sheekh Cabdiraxmaan Sheekh Nuur, xiv, 25, 26
Sheekh Yuusuf, 20
Sheikh, 15, 20, 22, 38
Sheikh Aweys Maxamed Baraawi, 15
Sheikh Cabdiraxmaan Qaadi, 15
Sheikh Uways Muhammad, 22
Sheikh Yuusuf Al Kawneyn, 20
Shiddo, 110
Shiraac, 76, 77
Shire, vii, 9, 28, 30, 31, 42, 51, 54, 57, 58, 76, 77
Shire Jaamac, 9, 28, 30, 31, 42, 51, 54, 58, 76, 77
Shire Jaamac Axmed, 28, 30, 31, 42, 54, 58, 76, 77
Shire Jama, 9
Shire Maxamed Cabdiraxmaan, 57
Shirwa, 67
Shorthand, 53
Siciid Alle, xxvii
Siciid Jaamac, xxvii, xxix, 15
Siciid Jaamac Xuseen, xxvii, 15
Siidow Rooble Cismaan, 58
Silfverberg, 67
Simon Wallenberg Press, 68
Siyaad, 71
Siyaasiga, 103
Siyey, 114
Social Studies, 69
Somaaliga, 76
Somali, 25, 28, 32, 35, 36, 56, 63, 65, 67, 68, 69, 70, 71, 72, 73, 74, 75, 76, 77, 78
Somali Academy of Sciences and Arts, 28
Somali Dictionary, 67, 68, 70, 72
Somali Grammar, 74, 76
Somali Language, 63, 75, 77, 78

Somali Language and Linguistics, 63, 78
Somali Plant Names Dictionary, 69
Somali Reference Grammar, 74
Somali Reference Guide, 68
Somali Speakers, 69, 78
Somali Wörterbuch Deutsch, 70
Somalia, 7, 8, 9, 22, 25, 52, 56, 67, 69, 70, 71, 75, 76
Somalia Settentrionale, 76
Somaliland, 7, 20, 36, 52, 87
Somalis, 71
Somalisch, 70
Somalisk, 66
Somalo, 25, 65
Somálsko, 72
Soo, iv, 64, 72, 98
Soo Maal, 72
Soomaaligii Cismaan Keenadiid, 7
Sprache, 70, 75
Sprachen, 74
Stadio Conis, 91
Star Publications, 68
Stockholm, 65, 68, 73, 76, 77
Strelcyn, 45
Südarabische Expedition, 71
Suomea, 67
Suomi, 67
Super Handbook, 68
Suugaanta, 7, 30, 51
Svensk, 65, 66, 77
Svenska, 66
Swahili, 65, 72, 73
Swedish, 77
SYL, 28

T

Ta, 26, 64, 65, 73, 76, 77, 118
Talyaani, 59, 64
Tekniko, 98, 99, 100
Teknooloji, 69
Terminologia, 72
Territorial Council, 8

Tigrinya, 65, 73
Tipografia Francescana, 72
Tipografia Raimond, 74
Togdheer, 32
Tojorra, xxvi
Tokyo, 65, 70, 73
Tokyo Gaikokugo Daigaku, 70
Toronto, 65, 73
Trench, 70, 75
Trond Soldal, 66
Trondheim, 74
Trubner, 70, 75
Tryckverkstan, 66
Tubiana, 45
Turkiga, 9

U

UK, iv, 34, 68
UNESCO, 45, 46, 90
UniLibro, 71
Università, 70, 71, 75
University of London Press, 70
Ustaad Ibraahim Xaashi Maxamuud, vii, 29

V

V. Luling, 69
Vammaisten, 67
VAPK, 67
Vernacular, 70
Virginia, 69
Vocabolario Harrari, 72

W

W. Andrzejewski, 25, 46, 47, 77
Wajeer, xxviii
Wardheer, 30
Wargeyskii Corriere, 8
Warner, 74
Warsame, 64, 67, 72

Warsan OHBA Publications, 76
Wembley, 68
Wheaton, 69, 74
Wien, 71, 75
Wikipedia, 67
Wissenschaften, 71, 75
Woqooyiga Kuuriya, 34
Wörterbuch, 70

X

X. Adam, 68
X. Huseen Raabbi, 77
X. Huseen Raabi, 77
Xaaji Faarax, 36
Xaaji Maxamed Xuseen Xaamuud, 58
Xaaji Muusse Galaal, 28
Xaam, xxvi
Xaashi, 15, 16, 29, 42, 57, 68
Xaashi Cali Mire, 57
Xaashi Dirir, 15
Xaashida, 56
Xaashidii Koowaad, 48, 87
Xaashidu, 15
Xabashida, 54
Xafiiska Canshuraha, 95

Xamar, 7, 45, 76, 88, 91
Xamiito, xxv
Xasan, 31, 33, 50
Xassan, 31
Xiddigta Oktoobar, 88
Xirsi, 50, 51, 58, 70
Xirsi Cali Magan, 58
Xuddur, 29, 34
Xuseen Axmed Kaddare, 50
Xuseen Cabdi Cabdulle, 58

Y

Y. Isigaki, 65, 73
Yaasiin, 24, 28, 49, 50, 57, 64, 65, 73, 81, 82
Yaasiin Cismaan Keenadiid, 24, 50, 57, 64, 65, 73, 81
Yemen, 87
Yurub, 5, 19, 87
Yuusuf Meygaag Samater, 42

Z

Zorc, 68, 69

www.ingramcontent.com/pod-product-compliance
Lightning Source LLC
Chambersburg PA
CBHW030326080526
44584CB00012B/723